깜짝 놀랄 이유가 있어서 진화했습니다

くらべてびっくり！やばい進化のいきもの図鑑
今泉忠明 著
株式会社 世界文化社 刊
2020

KURABETE BIKKURI! YABAI SHINKA NO IKIMONO ZUKAN
by Tadaaki Imaizumi
Original Japanese edition published by SEKAIBUNKA HOLDINGS INC., Tokyo.

Copyright ⓒ 2020 by Tadaaki Imaizumi
All rights reserved.

Illustrations Copyright ⓒ 2020 by Daisuke Uchiyama, Tamio Abe

Korean Translation Copyright ⓒ 2021 by The Business Books and Co., Ltd.
Korean translation rights arranged with SEKAIBUNKA Publishing Inc., Tokyo
through The English Agency (Japan) Ltd., Tokyo and Danny Hong Agency, Seoul.

이 책의 한국어판 저작권은 대니홍 에이전시를 통해
저작권자와 독점 계약을 맺은 (주)비즈니스북스에게 있습니다.
저작권법에 의해 국내에서 보호를 받는 저작물이므로 무단 전재와 복제를 금합니다.

깜짝 놀랄
이유가 있어서 **진화**했습니다

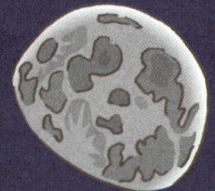

지은이 **이마이즈미 다다아키**
그린이 **우치야마 다이스케 · 아베 다미오**
옮긴이 **전희정**
감수 **황보연**

북라이프

※ 이 책에 등장하는 생물 정보(크기나 서식 연대 등)는 복수의 문헌이나 연구 기관에 의한 논문 자료·저자 조사 기록 등을 바탕으로 표기했습니다.
※ 생물 크기 등의 특징에는 개체차가 있어 대략적인 수치로 나타냈습니다. 게재한 정보는 이 책의 발간 시점 내용입니다.
※ 과거 지구 지형도는 몰바이데 도법으로 그린 자료를 바탕으로 했습니다. 해안선이나 지형 일부를 생략하거나 변형한 경우도 있습니다.

깜짝 놀랄 이유가 있어서 진화했습니다

1판 1쇄 발행 2021년 8월 31일
1판 6쇄 발행 2023년 10월 25일

지은이 | 이마이즈미 다다아키
그린이 | 우치야마 다이스케 · 아베 다미오
옮긴이 | 전희정
감 수 | 황보연
발행인 | 홍영태
발행처 | 북라이프
등 록 | 제2011-000096호(2011년 3월 24일)
주 소 | 03991 서울시 마포구 월드컵북로6길 3 이노베이스빌딩 7층
전 화 | (02)338-9449
팩 스 | (02)338-6543
대표메일 | bb@businessbooks.co.kr
홈페이지 | http://www.businessbooks.co.kr
블로그 | http://blog.naver.com/booklife1
페이스북 | thebooklife
ISBN 979-11-91013-30-6   73400

* 잘못된 책은 구입하신 서점에서 바꾸어 드립니다.
* 책값은 뒤표지에 있습니다.
* 북라이프는 (주)비즈니스북스의 임프린트입니다.
* 비즈니스북스에 대한 더 많은 정보가 필요하신 분은 홈페이지를 방문해 주시기 바랍니다.

> 비즈니스북스는 독자 여러분의 소중한 아이디어와 원고 투고를 기다리고 있습니다.
> 원고가 있으신 분은 ms2@businessbooks.co.kr로 간단한 개요와 취지, 연락처 등을 보내 주세요.

생물의 진화에 대해 알아볼까?

시작하는 말

이 책은 '놀라운 진화'를 해 온 생물들의 이야기입니다. '진화'란 사물이 점점 발전하거나 더 복잡한 모습으로 변하는 것을 말해요.

그렇다면 '생물의 진화'란 무엇일까요? 생물의 진화는 수십만 년, 수백만 년이라는 오랜 세월을 거치면서 생물의 생김새나 특징이 변하는 것을 말합니다. 생물이 생활하는 장소에 어마어마한 변화가 일어나면 생물에게는 '진화할 기회'가 생깁니다. 대규모 화산 폭발이나 극심한 한파, 거대 운석 충돌과 같이 상상을 뛰어넘는 큰 사건이 일어나면 많은 생물이 멸종해요.

하지만 이 어마어마한 '대멸종'에도 살아남는 종은 반드시 존재합니다. 영광스럽게 살아남은 생물 중에는 새로운 환경에 적응하고 새로운 특징을 가진 '진화한 생물'이 생겨납니다. 생물의 진화는 자손에서 자손으로 몇 세대에 걸쳐 조금씩 이어져 내려오는 변화랍니다.

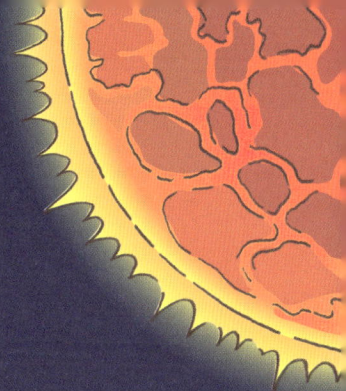

이 책은 완전 재미있는 네 가지 깜짝 놀랄 진화에 대해 이야기합니다.
먼저 오늘날의 생물과 조상의 생김새를 비교해 본답니다. 오늘날의 생물과 조상의 생김새가 너무나도 달라서 '진화란 정말 놀라워!' 하며 감탄할 거예요.
극과 극으로 다르게 진화한 생물의 특징도 비교할 거예요. 극과 극으로 다양하게 진화한 모습을 보며 '생물이란 정말 놀라워!' 하고 감동받을 겁니다.

여러분도 이 책을 읽으면서 '가장 놀라운 진화를 이룬 최고의 생물'은 어떤 생물인지 생각해 보세요. 어쩌면 이 책에는 나와 있지 않지만 더 놀라운 진화를 이룬 생물이 이 세상 어딘가에 있을지 모릅니다.

이 책을 읽고 나서 여러분도 저처럼 '생물의 진화'란 정말 신비롭고 재미있구나 하고 느끼게 되길 바랍니다.

동물학자
이마이즈미 다다아키

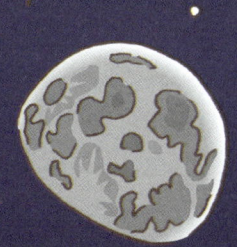

깜짝 비교!
지구와 생물의 놀라운 과거

6억 년 전… 지구는

옛날 | **6억 년 전** 원생누대 에디아카라기 지구 ▶관련: 152쪽으로

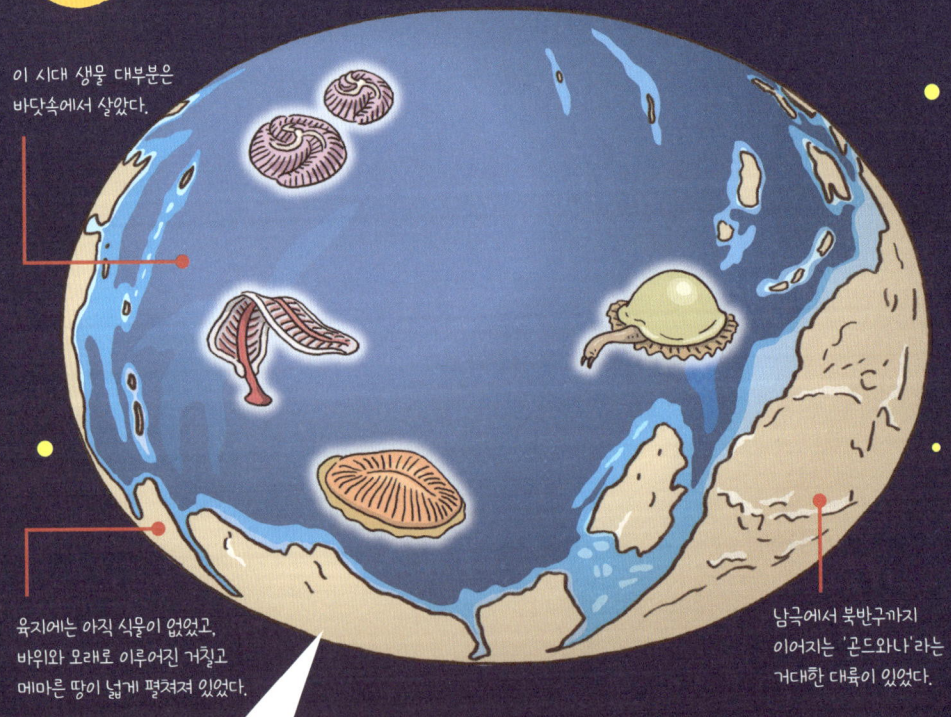

이 시대 생물 대부분은 바닷속에서 살았다.

육지에는 아직 식물이 없었고, 바위와 모래로 이루어진 거칠고 메마른 땅이 넓게 펼쳐져 있었다.

남극에서 북반구까지 이어지는 '곤드와나'라는 거대한 대륙이 있었다.

육지의 대부분이 남반구에 있었고, 동물이나 식물의 생김새도 지금과는 완전히 달랐습니다. 최초의 생명은 눈에 보이지 않을 만큼 작은 것들뿐이었거든요. 하지만 **6억 년 전쯤부터 눈에 보이는 크기의 생물이 바닷속에** 나타났습니다! 그 생물의 대부분이 동물인지 식물인지 알 수 없는 신기한 생김새이긴 하지만요.

우주에 지구가 탄생한 때는 지금으로부터 약 46억 년 전입니다. 그리고 최초의 생명이 생겨난 때는 약 38억 년 전으로 알려져 있어요. 이 말도 안 되는 엄청나게 길고 긴 역사 속에서 지구도 생물도 생김새가 굉장히 많이 변했습니다. 아주 오랜 옛날 지구와 오늘날 지구를 비교하면 육지와 바다의 형태, 생물의 생김새가 완전히 달라요!

마치 다른 혹성 같았다!?

현재 신생대 제4기 지구 **오늘날**

인류는 약 20만 년 전, 아프리카에서 생겨났다.

가장 남쪽에는 대지가 얼음으로 뒤덮인 '남극 대륙'이 있다.

대륙이나 섬이 많이 이동했다. 약 258만 년 전에 현재와 거의 비슷한 지형이 되었다.

지구 땅속 깊은 곳에는 뜨거운 마그마가 흐르고 있습니다. **육지는 마그마의 움직임에 따라 해마다 수 밀리미터에서 수 센티미터씩 이동**해요. 지금도 육지는 움직이는 중이고, 수억 년 후에는 모든 대륙이 하나가 될지도 몰라요. **인간의 조상은 아프리카에서 처음 나타났고 세계 곳곳으로** 퍼져 나갔습니다. 그곳에서 도시나 나라를 만들고 문명을 이루어 왔어요.

생물은 '진화'로 변화한다!

1 몸의 형태가 변한다!

바다에서 사는 동안 몸이 물고기처럼 변했듀!

옛날에 듀공은 네 다리로 육지를 걷는 동물이었어요. 하지만 바닷가에서 사는 동안 헤엄치기 쉬운 몸을 가진 새끼가 태어났고 그 수가 늘어났지요. 점점 뒷다리는 사라지고 앞다리와 꼬리가 물고기의 지느러미처럼 변했답니다.

▶ 관련: 160쪽으로

3 유리한 특징이 남는다!

목이 긴 우리만 나뭇잎을 실컷 먹지롱롱!

옛날에 기린은 키가 작고 목도 짧았다는 사실! 하지만 목이 긴 몇몇 기린 친구들이 선 채로 물을 마시거나 높은 곳의 나뭇잎을 따먹는 데 유리했어요. 게다가 숲에서 초원으로 나와 뛰어다니면서 다리도 길어졌답니다. 결국 다리와 목이 긴 기린이 더 많이 살아남으면서 지금과 같은 모습이 되었습니다.

▶ 관련: 38쪽으로

옛날 지구와 오늘날 지구를 비교했을 때 생물의 생김새가 완전히 다른 것은 왜일까요? 그 이유는 오랜 시간에 걸쳐 우리가 '진화'해 왔기 때문입니다. 진화란 태어난 환경 속에서 생물이 더 살아남기 쉬운 생김새나 특징으로 변하는 것을 말합니다. 지구 환경이 변함에 따라 우리도 진화와 멸종을 반복하면서 지금의 생김새가 되었습니다!

이것이 진화다!

2 할 수 있는 것이 변한다!

판다는 옛날에 고기를 먹는 육식 동물이었어요. 하지만 라이벌 동물들과의 먹이 경쟁에 밀려 깊은 산속으로 쫓겨나게 되었답니다. 산속에는 먹을 것이 쥐나 버섯밖에 없어서 좋아하는 먹이도 점점 변했어요. 그러다 보니 산에 많은 대나무나 조릿대를 먹으며 살게 되었습니다.

▶ 관련: 52쪽으로

서로 다른 걸 먹으면 안 싸워도 된다판!

4 할 수 없게 되는 것도 있다!

기억이 안 나. 언제부터 날 수 없게 된 걸까…?

옛날에는 펭귄도 하늘을 날 수 있었어요. 하지만 바다로 잠수해 물고기를 잡아먹고 살면서 빠르게 헤엄칠 수 있는 몸으로 변했습니다. 결국 더 이상 날 수 없는 몸이 되고 말았지요. 진화와 퇴화는 동전의 양면 같다고도 할 수 있습니다.

\생물은/
어떻게 '진화'할까?

6800만 년 전
전 세계에 공룡이 번성했다. 우리 조상인 포유류 동물은 숲속에 조용히 숨어 살았다.

6600만 년 전
거대한 운석이 지구와 충돌했다. 엄청난 양의 모래와 먼지가 떠다니다 지구를 완전히 뒤덮고 말았다.

1 환경이 변화한다

운석 충돌이나 화산 폭발, 기후 변화 등 생물이 살아가는 주변 환경이 극심하게 변하면 **생물의 몸속에 잠자고 있던 '진화의 스위치'**가 켜집니다. 그 덕분에 부모와 다른 특징을 가진 자식이 태어나기 쉬워지는 거예요.*

모든 것이 운명의 장난!?
생물이 '진화'하는 계기

*이것을 유전자의 '돌연변이'라고 한다.

"날개를 갖고 싶어!"라고 아무리 애원해도 우리는 자기 의지로 진화할 수 없습니다. 수없이 많은 우연한 사건이 쌓이고 쌓이고 쌓이면서 비로소 진화할 수 있기 때문이에요. 게다가 나의 일생 동안에는 진화할 수 없어요. 모든 생물은 자손에서 자손으로, 수십만 년 또는 수백만 년이라는 긴 시간에 걸쳐 진화합니다.

5000만 년 전

겨우 살아남은 포유류는 죽은 생물이나 어린 식물을 먹으며 생명을 이어 갔다. 공룡이 사라진 덕분에 포유류가 전 세계로 퍼져 나가며 무리와 자손을 늘려 갔다.

6550만 년 전

엄청난 양의 먼지가 태양 빛을 차단했다. 빛이 닿지 않는 지구는 어둡고 추워졌다. 많은 식물이 말라 죽었고 식물을 먹는 동물도 죽었다. 그러자 그 동물을 먹던 공룡도 멸종했다.

2 생활할 수 있는 장소가 넓어진다

환경 변화에 적응할 수 없는 생물은 멸종하고 맙니다. 하지만 그 생물이 멸종한 빈자리만큼 **살아남은 생물이 먹이를 구하거나 새끼를 키울 장소가 넓어지기 때문에** 더 많은 곳에서 다른 특징을 가진 무리가 늘어 갑니다.*

3 환경에 적합한 자손이 살아남는다

생활 환경이 변하면 **새로운 환경에 적합한 특징을 가진 새끼들이 많이 살아남아요.*** 그리고 그 특징이 계속해서 자손에서 자손으로 이어지면서 생물이 '진화'하는 것이지요. 환경 변화가 세대를 거치며 생물의 생김새나 특징을 변화시키는 것입니다.

* 이것을 진화의 '적응 방산'이라고 한다.   * 이것을 진화의 '자연 선택'이라고 한다.

지구에 생겨난 최초의 생명은 눈에 보이지 않을 만큼 작은 생물이었습니다. 이후 38억 년이라는 긴 세월을 거치면서 다양한 특징을 가진 생물이 진화하며 탄생했어요. 오늘날 지구에 있는 모든 생물은 최초의 생명에서 진화한 친척인 셈이죠. 생명의 역사는 이렇게 끊임없이 이어지고 있습니다.

약 3억 년 전
양서류·파충류 등
많은 생물이 바다에서 육지로 보금자리를 넓혀 갔다. 어류에서 진화한 양서류가 번성했고 알을 낳는 포유류 초기 생물인 단궁류나 파충류 등이 나타났다.

6600만 년 전
포유류·조류 등
거대한 운석이 지구와 충돌해 지구를 주름잡던 공룡이 멸종했다. 이후 포유류나 조류의 수가 증가했다.

약 20만 년 전
인류(호모 사피엔스)
인간이 아프리카에서 등장했다.

진화를 거듭하며 우리의 생김새는 조금씩 변했습니다. 그렇다면 100만 년 전, 1000만 년 전, 1억 년 전에 있었던 우리 조상님들은 도대체 어떻게 생겼을까요?

그 놀라운 생김새를 살펴보자!!

깜짝 놀랄 진화의 차례

시작하는 말…6

\ 깜짝 비교 / 지구와 생물의 놀라운 과거…8

\ 생물은 / '진화'로 변화한다!…10

\ 생물은 / 어떻게 '진화'할까?…12

\ 조상님들은 / 어떤 모습이었을까?…14

한눈에 보는 놀라운 진화

생물은 멸종으로 진화한다!?

화석으로 살펴보는 지질 시대 연대표…22

내 차례는 언제 와?

제 1 장
\ 깜짝 비교 /
변해도 너무 변해 놀라워!!
진화로 변하는 생물의 생김새…24

코끼리는 옛날에…
코보다 '아래턱'이 길었다고!?…26

고래는 옛날에…
'육지'를 걸어 다녔다고!?…30

낙타는 옛날에…
'혹'이 없었다고!?…34

쥐는 옛날에…
'초거대' 했다고!?…36

기린은 옛날에…
'목'이 짧았다고!?…38

코뿔소는 옛날에…
'뿔'이 없었다고!?…42

말은 옛날에…
'작은 개'만 했다고!?…46

등딱지 없는 거북, 처음 보남?

내가 누구 조상인지 알아나 볼까?

아르마딜로는 옛날에…
'꼬리'가 뾰족 가시 돋은 곤봉이었다고!?…50

판다는 옛날에…
'육식 동물'이었다고!?…52

나무늘보는 옛날에…
'전투력' 만렙이었다고!?…54

개와 고양이는 옛날에…
'같은 동물'이었다고!?…56

거북은 옛날에…
'등딱지'가 없었다고!?…60

상어는 옛날에…
등에 '이빨'이 나 있었다고!?…64

뱀은 옛날에…
'다리'가 있었다고!?…68

개구리는 옛날에…
'공룡'을 잡아먹었다고!?…70

새는 옛날에…
'공룡'이었다고!?…72

인간은 옛날에…
온몸이 '털투성이'였다고!?…76

\ 깜짝 비교 /
안 변해도 너무 안 변해 놀라워!!
옛날 모습이 지금까지 남아 있는 생물…80

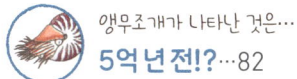
앵무조개가 나타난 것은…
5억 년 전!?…82

원시잠자리가 나타난 것은…
1.5억 년 전!?…84

원시도마뱀이 나타난 것은…
2억 년 이상 전!?…85

실러캔스가 나타난 것은…
4억 년 전!?…86

소철과 은행나무가 나타난 것은…
2억 년 이상 전!?…88

오리너구리가 나타난 것은…
1억 년 이상 전!?…90

먼저 간 다윈 손자는 건강하겠지?

투구새우가 나타난 것은…
3.5억 년 전!?…91

투구게가 나타난 것은…
4.5억 년 전!?…92

먹장어가 나타난 것은…
5억 년 전!?…94

개맛이 나타난 것은…
5억 년 전!?…95

시아노박테리아가 나타난 것은…
25억 년 이상 전!?…96

우린 몇억 년 전부터 지구에서 살았소.

'살아 있는 화석'이라고 부르지 말아 줄래? 선배님들 앞에서 부끄러우니까.

\ **깜짝 비교** / 생물의 놀라운 다양성…98
\ **모두 '다르기' 때문에** / 함께 살아갈 수 있다!…100
\ **생물의 세계에도** / 인간처럼 '사회'가 있다!?…102

좀… 더 자도… 될까요…?

제3장 \ 깜짝 비교 /
달라도 너무 달라 놀라워!!
가까운 무리일지라도 특징이 극과 극으로 다른 생물…104

세계 장수 대회에라도 나가 볼까?

자는 '시간'이 달라도 너무 달라!
코알라vs.북부기린…106

나는 '거리'가 달라도 너무 달라!
극제비갈매기vs.오키나와뜸부기…108

헤엄치는 '속도'가 달라도 너무 달라!
돛새치vs.그린란드상어…110

식사 '횟수'가 달라도 너무 달라!
꼬마뒤쥐vs.세발가락나무늘보…112

알 '크기'가 달라도 너무 달라!
타조vs.꿀벌벌새…114

'수명'이 달라도 너무 달라!
갈라파고스땅거북vs.라보르드카멜레온…116

새끼 '수'가 달라도 너무 달라!
대구vs.주름상어…118

입 '크기'가 달라도 너무 달라!
하마vs.큰개미핥기…120

뿔 '크기'가 달라도 너무 달라!
말코손바닥사슴vs.솔기머리사슴…122

'방어력'이 달라도 너무 달라!
비늘발고둥vs.군소…124

집 '크기'가 달라도 너무 달라!
프레리도그vs.멧밭쥐…126

사는 바다의 '깊이'가 달라도 너무 달라!
심해꼼치vs.짱뚱어…128

내 알이지만
보고 또 봐도
귀여워 죽겠어!

'패션 감각'이 달라도 너무 달라!
분홍가슴파랑새vs.송장까마귀…130

몸 '크기'가 달라도 너무 달라!
그린아나콘다vs.바베이도스실뱀…132

내 갑옷은 튼튼함의 끝판왕!

\ 깜짝 비교 /

제4장 비슷해도 너무 비슷해 놀라워!!

사람과 똑 닮은 생물들의 규칙과 행동…134

흰개미는
팀플레이로 높은 탑을 쌓는다고!?…136

안데스바위새는
모히칸 스타일로 배틀한다고!?…138

흡혈박쥐의 암컷은
아주아~주 의리가 강하다고!?…139

우리 SNS는 똥이야!
빨리 인☆그램에 올려야지.

아델리펭귄은
작은 돌을 건네며 프러포즈한다고!?…140

두꺼비고기의 수컷은
노래를 잘할수록 인기 짱이라고!?…142

사향땃쥐의 새끼들은
한 줄로 줄지어 걷는다고!?…143

큰돌고래는
서식 지역에 따라 언어가 다르다고!?…144

엥? 뭔 말이래?

너구리는
화장실에서 정보를 교환한다고!? …146

침팬지는
센 상대에게 억지웃음을 짓는다고!? …147

황제펭귄의 새끼는
모두 어린이집에 다닌다고!? …148

\ **깜짝 비교** / 지구와 생물의 진화의 역사…150
나가는 말…162
찾아보기…164
알아보기…166
작가 소개…167

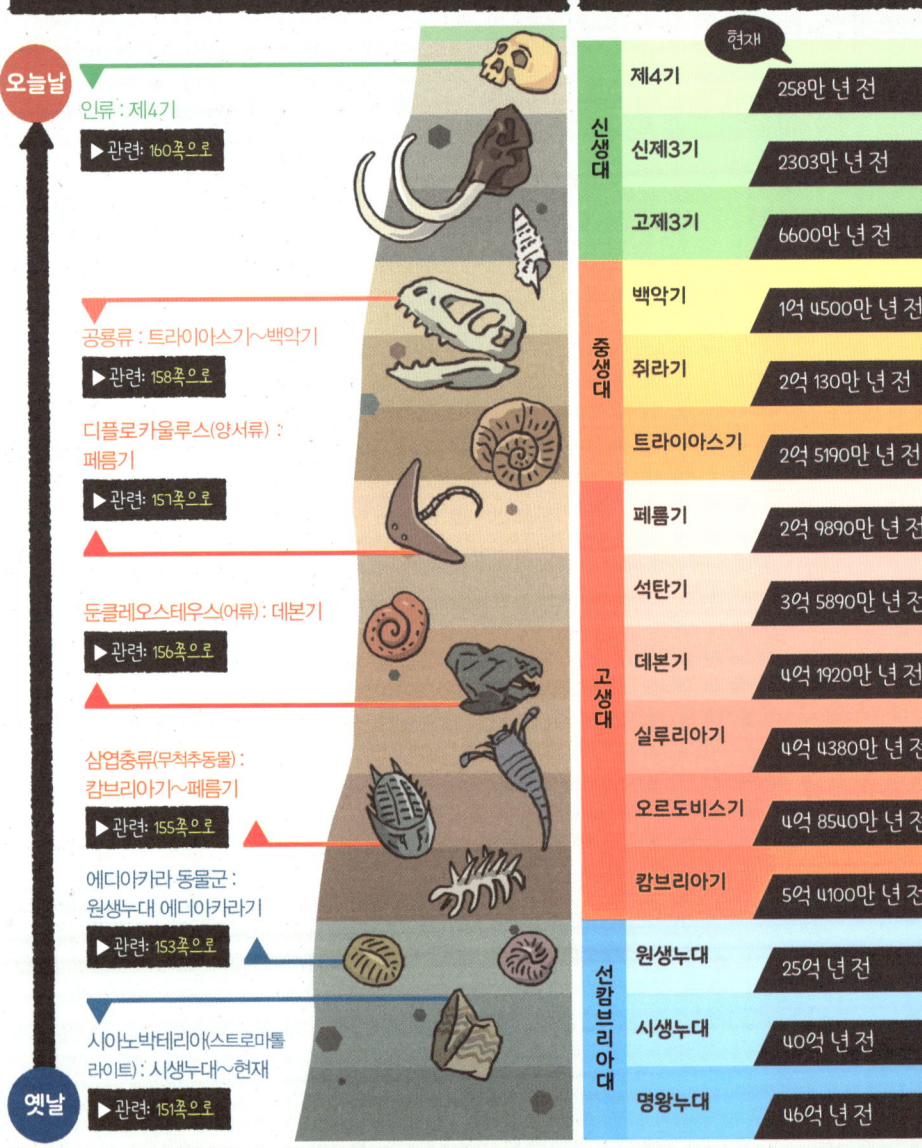

지구가 탄생한 뒤 인류 역사가 시작되기까지를 '지질 시대'라고 합니다. 지질 시대에는 대규모 화산 폭발이나 거대 운석 충돌, 극심한 기후 변화 등이 있었고 많은 생물이 죽음에 이르는 '대멸종'이 몇 차례나 일어났어요. 하지만 어느 시대나 생물은 대멸종을 극복하며 거대한 진화를 이루어 왔습니다. 화석을 통해 어떤 시대에 어떤 생물이 번성했는지 살펴봅시다!

과거의 대멸종과 대진화·번성했던 생물

생물의 역사가 쌓이고 쌓여 약 38억 년!!

'포유류'가 대번성·인류가 탄생
6600만 년 전, 백악기 말기 거대한 운석이 지구와 충돌했다. 그 결과 모든 생물 종의 약 60%가 멸종했다. 공룡이 사라진 빈자리를 '포유류'가 차지했고 전 세계로 퍼져나가 번성했다. 그리고 약 20만 년 전 원숭이 무리에서 진화한 '인류'가 탄생했다.

대멸종 & 대진화

양서류에서 진화한 '파충류'·공룡이 대번성
페름기 말기 대규모 화산 활동이 일어나 모든 생물 종의 90% 이상이 대멸종했다. 이후 파충류가 번성했다. 트라이아스기 말기에도 화산 활동이 일어나 모든 생물 종의 약 60%가 멸종했다. 이후 파충류 가운데 '공룡'이 전 세계에서 종류를 늘려 가며 대번성했다.

대멸종 & 대진화

어류에서 진화한 '양서류'가 번성
데본기 말기 지구 환경이 극심하게 변했다. 모든 생물 종의 82%가 멸종했다. 어류의 지느러미가 다리로 진화한 '양서류'가 육지에서 번성했다.

대멸종 & 대진화

등뼈를 가진 '어류'가 진화·번성
오르도비스기 말기 지구 환경이 극심하게 변했다. 모든 생물 종의 약 85%가 멸종했다. 이후 딱딱한 등뼈와 강한 턱을 가진 '어류'가 번성했다.

대멸종 & 대진화

등뼈가 없는 '무척추동물'이 진화·번성
원생누대 말기 지구 환경이 극심하게 변했다. 대멸종이 일어난 후, 삼엽충 같은 등뼈가 없는 '무척추동물'이 진화했고 생물 종류가 폭발적으로 늘었다.

대멸종 & 대진화

'미생물'이 탄생·진화
약 38억 년 전, 박테리아 같은 미생물이 탄생했다. 진화와 멸종을 반복했고 6억 년 전쯤 몸이 큰 '에디아카라 동물군'이 나타났다.

지구 탄생 ▶ 관련: 150쪽으로

※ 오르도비스기 말기부터 백악기 말기까지 일어난 다섯 번의 대멸종을 '5대 멸종'이라고 한다.

제 1 장

깜짝 비교

변해도 너무 변해

진화로 변하는 생물의 생김새

지구에는 헤아릴 수 없을 만큼 많은 생물이 있어요. 하지만 모든 생물이 처음부터 지금까지 똑같은 생김새였던 것은 아닙니다. 아주 오래전에 생겨난 조상이 아주 오랜 시간을 거치면서 조금씩 '진화'했거든요. 그 진화의 결과에 따라 몸 형태나 크기가 다양하게 변화해 오늘날의 모습이 되었습니다.

우리가 잘 알고 있는 생물의 조상은 어떤 생김새였을까요? 다양한 생물의 '오늘날'과 '옛날' 모습을 비교해 보아요!

이 장을 재미있게 읽는 방법

'오늘날'과 '옛날'의 생물 생김새를 펼친 페이지로 비교해 보세요! 조상님들의 생김새는 지금과 어디가 비슷하고, 어디가 다를까요? 진화 과정에서 생물의 모습이 어떻게 변했는지 살펴봅시다!

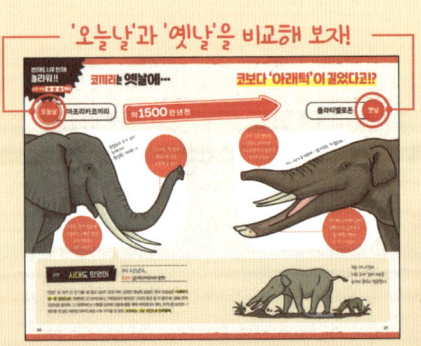

놀라워!!

턱이 쭈욱 늘어나고 말았다코!

※ 이 장에서 소개하고 있는 생물의 출현 연대(서식 연대)는 화석이 산출된 지층의 지질 연대를 바탕으로 추정한 대략적인 연대다.

변해도 너무 변해 놀라워!!

놀람 레벨 ★★★★ MAX

코끼리는 옛날에…

오늘날 아프리카코끼리

약 1500 만년 전

윗입술과 코가 같이 늘어나서 완성된 거라코~☆

긴 코에는 한 번에 9ℓ나 되는 물을 저장할 수 있다.

식물을 잘게 씹을 때 사용하는 이빨은 평생 다섯 번이나 새로 자란다.

이런 시대도 있었어

우리 조상님은…
코코미 님(아프리카코끼리·암컷)

안녕? 내 코가 긴 건 다들 잘 알고 있지? 근데 아주 오래전 옛날에 살았던 우리 조상님은 **아래턱이 엄~청 길었다코!** 아래턱이 긴 코끼리라니, 거짓말하지 말라코? 그러지 말고 좀 더 들어 봐. 글쎄, 우리 조상님은 말이야, 그 아래턱에 난 이빨을 삽처럼 이용해 풀을 푹푹 떠먹었다지 뭐야. 저 턱 좀 보라코…! 편리할 것 같긴 하지만 아무리 봐도 너무 무거울 것 같아. **코코미는 그냥 코만으로 만족할래.**

코보다 '아래턱'이 길었다고!?

플라티벨로돈 | 옛날

코가 길긴 했지만 오늘날 코끼리와 비교하면 아직 짧았던 것으로 보인다.

터… 터기 무거워서… 입 다무는 게 힘드여…

길게 뻗은 아래턱 끝에 널빤지처럼 납작하고 큼지막한 이빨이 두 개 나 있었다.

먹는 데 시간이 너무 오래 걸려 자손을 늘리지 못하고 멸종했다.

포유류 장비목

코끼리는 이렇게 진화했다!

코가 기~다랗게 진화해서 먹거나 물 마실 때 완전 편함!

5800 만년 전 — 긴 코도, 엄니도 없어~

1500 만년 전 — 짜잔~! 몸집은 크게, 코는 길게 진화했지롱!

이렇게 생겨났어!

포스파테리움

서식 연대	신생대 고제3기(팔레오세)
크기	몸길이 60㎝
먹이	물풀
서식지	북아프리카

가장 오래된 코끼리 조상. 개만 한 크기에 **겉모습은 하마처럼** 생겼다. 생활 방식도 하마랑 비슷해 늪이나 개울 가까이에서 물풀을 먹었다. 코는 아직 짧은 상태였다.

이렇게 생겨났어!

플라티벨로돈

서식 연대	신생대 신제3기(마이오세)
크기	몸길이 4m
먹이	풀이나 나무껍질
서식지	아프리카, 유라시아, 북아메리카

드넓은 **초원에서 살면서** 몸집이 크게 진화했다. 서 있는 상태에서 땅에 난 풀이나 물을 입으로 옮기기에 긴 코가 유리했기 때문에 코가 점점 길게 진화했다. 이 무리는 코만큼 **아래턱도 길었다.**

숲속 물가에서 살았던 코끼리 조상은 몸집이 작고 코도 길지 않았습니다. 그러다 **숲에서 평원으로 나오면서 몸집이 커지고 코도 길게 진화했어요.** 이렇게 긴 코 덕분에 몸을 수그리지 않고 선 채로 땅에 난 풀을 먹거나 물을 마실 수 있게 되었지요. 선 채로 먹이를 먹으면 적이 공격할 때 바로 도망칠 수 있어 **생존에 유리**하답니다.

40만 년 전

너무 추워서 털이 자랐지.

현재

오늘날 지구에서 가장 큰 육상 동물☆

이렇게 생겨났어!

털매머드

서식 연대	신생대 제4기 (플라이스토세~홀로세)
크기	몸길이 5m
먹이	벼과의 풀이나 침엽수 작은 가지
서식지	유라시아, 북아메리카

지구 기온이 내려가 **'빙하기'**가 찾아오면서 **추위에 강한 몸**으로 진화한 개체가 나타났다. 인류의 사냥으로 털가죽과 고기를 빼앗기고, 먹이인 식물이 줄어들면서 약 4000년 전에 멸종했다.

이렇게 생겨났어!

아프리카코끼리

서식 연대	현재
크기	몸길이 7m
먹이	풀, 나무 열매, 대나무
서식지	아프리카 (사하라 사막 이남)

커다란 몸집에 필요한 에너지를 얻기 위해 **하루에 식물 150kg을 먹고, 물 100l를 마셔야 한다.** 야생 코끼리는 거의 온종일 먹이와 물을 구하러 초원을 돌아다닌다.

변해도 너무 변해 놀라워!!

놀람 레벨 ★★★ MAX

고래는 옛날에…

| 오늘날 | 혹등고래 | 약 **5200** 만년 전 |

- 콧구멍이 머리 위에 있다. 물 위에 콧구멍만 내놓고 헤엄치면서 숨을 쉰다.
- 전 세계에 안 다니는 바다가 없다고래!
- 뒷다리는 퇴화해서 없어졌지만 몸 안에 그 흔적인 골반 뼈가 남아 있다.
- 앞다리는 물고기의 가슴지느러미, 꼬리는 꼬리지느러미 같은 형태로 진화했다.

이런 시대도 있었어

우리 조상님은요...
그래고래 님 (혹등고래·수컷)

이제 와서 말인데, 이 몸은 일곱 바다를 휘젓고 다니는 거대한 몸이지만고래. 우리 조상님에 대해 말하자면, **쪼그만 몸집이었고 네 다리로 땅 위에서 생활했다는**구만고래. 당시에는 '테티스해'라는 바다가 있었던 것 같은데, 우리 조상님은 **가끔 바다로 나가서 큰 물고기나 새, 거북 따위를 잡수셨다**고 하더구만. 믿으실 수 있겠소고래?

'육지'를 걸어 다녔다고!?

파키케투스   옛날

헤엄치기보다 걷기를 더 잘하는 게 그렇게 신기할 일이야?

늑대만 한 크기에 겉모습은 개와 비슷하고 꼬리가 길었다.

네 다리로 땅 위를 걸어 다녔고 발가락에는 발굽도 있었다.

잘 먹겠습니다!

머리뼈 형태나 이빨 배열은 오늘날의 고래와 비슷하다.

> 포유류
> 고래목

고래는 이렇게 진화했다!

5200만 년 전 — 육지와 바다를 왔다 갔다 하며 살았어.

4900만 년 전 — 걷기보다 헤엄치기를 더 잘했지!

경쟁에서 밀리긴 했지만 육지에서 바다로 옮긴 뒤 살아남는 데 대성공!

이렇게 생겨났어!

파키케투스

서식 연대	신생대 고제3기(에오세)
크기	전체 길이 1.8m
먹이	물고기, 조개
서식지	파키스탄 북부, 인도 서부

가장 오래된 고래 조상. 네 다리로 **바닷가에서 육상 생활**을 했다. 바다에서 물고기를 잡아먹은 것으로 추정된다. 그리고 그 자손이 점점 물속에 적응해 간 것으로 보인다.

이렇게 생겨났어!

암블로케투스

서식 연대	신생대 고제3기(에오세)
크기	전체 길이 3m
먹이	물고기, 조개
서식지	파키스탄

육지보다 **물속 생활에 적합한 생김새로 진화**했다. 발가락 사이에 '**물갈퀴**'가 생겼고 몸집도 커졌다. 물속에서 몸을 위아래로 움직이고 다리를 버둥거리며 헤엄쳤을 것으로 보인다.

고래 조상은 **네 다리로 걸어 다니며 땅** 위에서 생활했습니다. 그러다 **5000**만 년 전쯤 육지와 바다 양쪽을 오가며 생활하는 개체가 나타났어요. 이후 **조금씩 물속 생활에 적응하는 몸으로 진화**했습니다. 돌고래나 범고래도 고래의 친척으로, 물속에서 새끼에게 모유를 먹이며 키웁니다. 바닷속에서 살게 되었지만 여전히 포유류 특징이 많이 남아 있는 셈이지요.

현재

4000
만 년 전

앞다리가 지느러미처럼 진화한 거 보이냐?

한 번 잠수하면
20분은 끄떡없다고래!

이렇게 생겨났어!

바실로사우루스

서식 연대	신생대 고제3기(에오세)
크기	전체 길이 20m
먹이	물고기, 오징어
서식지	아프리카, 유럽, 북아메리카 주변 바다

앞다리가 지느러미처럼 진화했고 완전히 물속에서 생활할 수 있는 생김새로 변했다. 몸집은 어마어마하게 커졌지만 꼬리지느러미나 가슴지느러미는 작았고, 깊은 바다로는 잠수할 수 없었던 것으로 보인다.

이렇게 생겨났어!

혹등고래

서식 연대	현재
크기	전체 길이 15m
먹이	크릴새우, 청어
서식지	전 세계 바다

뇌가 발달해서 울음소리로 의사소통하고 무리가 함께 서로 도와 물고기를 잡기도 한다. 여름에는 북극이나 남극 근처에서 생활하고, 겨울에는 적도 부근의 따뜻한 바다에서 새끼를 낳고 키운다.

변해도 너무 변해 놀라워!!

놀람 레벨 ★☆☆

낙타는 옛날에… '혹'이 없었다고!?

포유류 우제목

오늘날 — 쌍봉낙타

약 4500만 년 전

메마른 사막에서도 잘 견딜 수 있는 건 다 이 혹 덕분이야.

혹 안에 엄청난 양의 지방이 저장되어 있다. 이 지방을 분해해 에너지로 바꿀 수 있기 때문에 몇 주 동안 아무것도 먹지 않고 활동할 수 있다.

이렇게 생겨났어!

북아메리카 평원에서 옮겨 온 낙타 조상이 <mark>사막 생활에 적응</mark>하면서 생겨났다. 모래에 잘 빠지지 않는 크고 평평한 발바닥이나 모래가 눈에 들어오지 않도록 막는 기다란 눈썹 등 사막에 적합한 몸으로 진화했다. 무릎이나 다리의 연결 부위 피부는 딱딱하고, 뜨거운 모래 위에서도 화상을 입지 않을 정도로 튼튼하다. 사람이 가축으로 기르는 낙타의 수는 늘었지만 야생 낙타는 멸종 직전이다.

| 서식 연대 | 현재 | 크기 | 몸길이 2.2~3.5m | 먹이 | 선인장, 나뭇잎 | 서식지 | 중앙아시아 (고비 사막) |

낙타 조상은 북아메리카에서 생겨나 아시아, 아프리카, 남아메리카로 서식지를 넓혀 갔습니다. 아시아나 아프리카로 옮겨 간 낙타 무리 중에서 초원에서 쫓겨난 뒤 ==사막 생활에 적응한 개체가 오늘날의 낙타로 진화==한 거예요. 한편 남아메리카로 옮겨 간 낙타 무리 중에서 초원에서 쫓겨난 뒤 ==고산 생활에 적응한 개체는 오늘날의 라마나 알파카로 진화==했습니다.

프로틸로푸스 — 옛날

숲에 살아서 불룩 튀어나온 혹 따윈 필요없지!

등은 혹 없이 평평했을 것으로 보인다. 오늘날의 낙타도 태어난 직후에는 혹이 없고 성장하면서 혹이 커진다.

몸집은 작고 대형견만 한 크기였다.

이렇게 생겨났어!

가장 오래된 낙타의 조상. 숲에서 살았고 부드러운 잎을 즐겨 먹었던 듯하다. 먹이가 풍부해 양분을 저장할 필요가 없었기 때문에 **혹이 없었던 것으로 보인다**. 오늘날의 낙타는 발가락이 두 개지만 프로틸로푸스는 발가락이 네 개나 되었다. 기후가 건조하고 추워지면서 숲이 줄어들자 북아메리카에 살았던 프로틸로푸스는 멸종하고 말았다.

| 서식 연대 | 신생대·고제3기 (에오세) | 크기 | 몸길이 80cm | 먹이 | 나뭇잎 | 서식지 | 북아메리카 |

변해도 너무 변해 놀라워!!

놀람 레벨 ★★☆

포유류 쥐목

쥐는 옛날에…
'초거대' 했다고!?

오늘날 쥐 (시궁쥐)

우와!?
우리 조상님 너무
큰 거 아님!?

정말, 너무
커서 무서워 보임.

약 400 만년 전

눈과 귀는 작고 꼬리는 몸통보다 길다. 임신 기간은 20일 전후이며 한 번에 6~14마리 새끼를 낳는다. 수명은 2년에서 3년 정도다.

이렇게 생겨났어!

중국 북부에서 처음 생겨난 듯한데 배나 비행기, 열차 등에 숨어들어 **남극 대륙을 제외한 모든 대륙으로 퍼졌다.** 하수도나 지하철에서 벌레나 음식물 쓰레기를 먹으며 살아가는 등 도시에도 많이 서식하고 있다. 쥐를 포함한 **'설치류'** 무리는 현재 포유류 중에서 가장 수가 많다.

서식 연대	크기	먹이	서식지
현재	몸길이 25cm	거의 모든 것을 먹는다	세계 곳곳

쥐의 조상은 5500만 년보다 훨씬 전에 북아메리카에서 나타난 것으로 여겨져요. 이후 다양한 종으로 분화되면서 남아메리카로 진출했지요. 인간이 번성한 후에는 배에 몰래 숨어들어 바다를 건넌 뒤 세계 곳곳으로 퍼져 나갔습니다.

요제파오르티가시아 <옛날>

왜? 큰 쥐 처음 봤어?
몸무게가 겨우 700kg밖에 안 되는걸!

이가 작아 씹는 힘이 약했을 것으로 추측했다. 하지만 최근 연구에서 호랑이만큼 턱 힘이 강력했다는 것이 밝혀졌다.

이렇게 생겨났어!

남아메리카 늪지대에 살았던 지구 역사상 가장 큰 쥐. 머리뼈 크기가 무려 53㎝나 된다. 1200만 년 전까지 남아메리카에서는 대형 유제류(말이나 하마 무리)가 물가를 지배하고 있었다. 그런데 북아메리카에서 새로운 종의 동물이 옮겨 오면서 대형 유제류가 멸종하고 말았다. 그 빈자리를 메우기 위해 쥐의 크기가 어마어마하게 커진 것으로 보인다.

| 서식연대 | 신생대-신제3기(플라이오세)~제4기(플라이스토세) | 크기 | 몸길이 3m | 먹이 | 풀풀, 열매 | 서식지 | 우루과이 |

변해도 너무 변해 놀라워!!

놀람 레벨 ★★☆

기린은 옛날에…

오늘날 — 마사이기린

▶ 관련: 10쪽으로

사모테리움 님, 원 별말씀을 다 하세요. 겨우 2m밖에 안 되는걸요. 호호.

40cm나 되는 긴 혀로 나뭇잎을 휘감아 뜯어먹는다.

약 700 만 년 전

머리끝까지 피를 보내기 위해 심장 왼쪽 벽 두께가 8cm나 된다. 머리 뒷부분에는 그물 모양의 모세 혈관인 '원더 네트'가 있다. 이 모세 혈관 덕분에 머리를 숙이고 들 때 뇌 혈압이 크게 변하지 않는다.

'목'이 짧았다고!?

사모테리움 옛날

목 길이는 말보다 조금 긴 정도였다. 오늘날의 기린과 오카피의 중간 모습이었을 것으로 보인다.

기린 부인 님은 긴 목이 정말 멋져요.

이런 시대도 있었어

우리 조상님은요...
기린 부인 님(마사이기린·암컷)

사모테리움 님은 **숲에서 평원으로 진출하신 지 얼마 되지 않으셨지요.** 그래서 아직 우리처럼 목이 길지 않았어요. 목 위쪽 뼈가 조금 자란 정도였고 목 아래쪽 뼈는 짧은 그대로였어요. 그러니까 지금 우리 기린의 기~다란 목은 **먼저 목 위쪽 뼈가 자라고, 그다음 목 아래쪽 뼈가 자라는 2단계로 진화**한 결과랍니다.

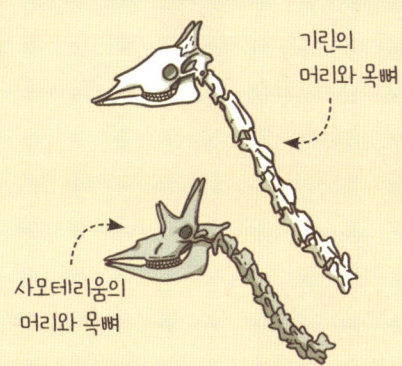

기린의 머리와 목뼈

사모테리움의 머리와 목뼈

포유류의 목뼈 개수는 모두 일곱 개로 동일하다. 하지만 기린은 목뼈 한 개 길이가 30㎝나 되기 때문에 목이 아주 길다.

※사모테리움 종류는 뿔 형태나 수가 종에 따라 다르다.

포유류 우제목

기린은 이렇게 진화했다!

700만 년 전 — 초원에서 살았더니 덩치가 커졌지 뭡니까!

1800만 년 전 — 처음에는 숲에서 살았어요.

다리와 목이 길어서 빨리 달릴 수 있고 먹을 때도 불편함이 없다!

이렇게 생겨났어! 팔레오트라구스

서식 연대	신생대 신제3기(마이오세)
크기	몸높이 1.7m
먹이	풀이나 잎
서식지	아프리카, 아시아, 유럽

기린과 오카피의 가장 오래된 공통 조상. 숲에서 생활했다. 기후가 변하면서 숲이 줄어들자 초원에서 살게 된 개체는 기린으로 진화했고 숲에 남은 개체는 오카피로 진화했다.

이렇게 생겨났어! 사모테리움

서식 연대	신생대 신제3기(마이오세~플라이오세)
크기	몸길이 3m
먹이	나뭇잎
서식지	아프리카, 아시아, 유럽

숲에서 초원으로 진출한 조상에서 진화해 생겨난 것으로 보인다. 드넓은 초원에서 생활하는 데 적응해 **몸집이 커지고, 다리와 목이 조금 길어졌다.** 초원의 나뭇잎을 먹으며 살았던 듯하다.

숲에서 나와 초원에서 살게 되면서 기린 조상은 가장 먼저 다리가 길어졌어요. 하지만 다리가 길면 연못이나 강의 물을 먹을 때 몸을 수그려야 하는데 이때 적의 표적이 되기 쉬웠지요. 그래서 몸을 수그리지 않고도 물을 마실 수 있는 목이 긴 개체가 많이 살아남았습니다. 그 특징이 자손으로 이어져 현재의 기린처럼 목이 길게 진화한 것으로 보입니다.

초원에서 사는 세계에서 가장 키 큰 동물이 바로 접니다.

현재

다들 안녕하신가요? 전 숲에 남았던 원시적 특징을 가진 기린이에요!

현재

이렇게 생겨났어!

마사이기린

서식 연대	현재
크기	머리까지의 높이 5m
먹이	아카시아 잎
서식지	아프리카

목이 길어서 선 채로 물을 먹을 수 있다. 게다가 다른 생물은 닿지 않는 키가 큰 나무 높은 곳에 달려 있는 나뭇잎도 먹을 수 있다. 열 마리 정도 무리 지어 생활하고 시속 50km로 달릴 수 있다.

이렇게 생겨났어!

오카피

서식 연대	현재
크기	몸길이 2m
먹이	나뭇잎
서식지	아프리카(콩고민주공화국)

1901년, 콩고 숲에서 발견된 원시적 특징이 남아 있는 기린 무리다. 처음에는 얼룩말 무리라고 생각했지만 발굽 형태나 뿔의 유무를 통해 기린 무리라는 것이 밝혀졌다. 목이 짧은 것이 특징이다.

변해도 너무 변해 놀라워!!

놀람 레벨 ★★★

코뿔소는 옛날에…

오늘날 — 흰코뿔소

약 4000만 년 전

사실, 내 뿔은 뼈가 아니라 털이 뭉친 거라오.

코끝에 뿔이 두개 있다. 앞의 뿔 중에 긴 것은 1m가 넘기도 한다.

입이 어마어마하게 커서 땅에 자라는 풀을 단숨에 잔뜩 뜯어 먹을 수 있다.

이런 시대도 있었어

우리 조상님은요…
코뿔소 옹 (흰코뿔소·수컷)

쿨럭… 비록 지금 내 몸뚱어리는 땅딸막하지만 우리 조상님은 몸이 아주 날렵하셨다쿠. 그래서 가끔 말의 조상인 히라코테리움 ▶관련산 47쪽으로 과 혼동되었다지. 쿨럭… 그땐 아직 머리에 뿔도 나지 않은 상태였다쿠. 넓은 숲에 살면서 울창한 나무 사이를 거침없이 누비고 다니셨다고 하던데, 쿨럭….

'뿔'이 없었다고!?

히라코돈 | 옛날

부럽군요, 난 아직 뿔이 없거든요!

몸집은 대형견보다 조금 큰 크기였다.

다리가 늘씬하고 길어서 '달리는 코뿔소'라는 별명으로 불렸다.

스멜~ 역시 숲 공기가 최고야!!

발가락 개수는 오늘날 코뿔소와 동일한 세 개였다.

포유류 기제목

코뿔소는 이렇게 진화했다!

빠른 달리기 속도보다는 몸집이 크고 튼튼하게 진화했다!

4000 만년 전 — 몸집이 작은 게 숲에서는 살기 좋았지.

1500 만년 전 — 물가로 나왔더니 뚱뚱해졌지 뭐야.

이렇게 생겨났어!

히라코돈

서식 연대	신생대 고제3기 (에오세~올리고세)
크기	몸길이 1.5m
먹이	키 작은 나무의 잎
서식지	북아프리카

가장 오래된 코뿔소 조상의 하나. **뿔은 아직 없었다.** 가까운 친척인 파라케라테리움은 몸길이가 7.5m나 되며 지구 역사상 가장 큰 육상 포유류로 알려져 있다.

▶ 관련: 160쪽으로

이렇게 생겨났어!

텔레오케라스

서식 연대	신생대 신제3기 (마이오세~플라이오세)
크기	몸길이 3.5m
먹이	나뭇잎이나 풀
서식지	북아메리카

몸집이 나무통처럼 둥글고 다리가 짧은 것이 하마와 생김새가 비슷했다. 개울이나 연못 가까이에서 **땅과 물을 오가며 반수생 생활**을 했던 것으로 보인다. 적으로부터 몸을 보호하기 위한 무기로 **코끝에 뿔이 자라났다.**

코뿔소의 조상은 지금부터 약 5000만 년 전, 말의 조상에서 진화해 생겨났어요. 초기에는 몸집도 작고 뿔도 없었지만 점점 몸집이 커지면서 전 세계로 세력을 넓혀 갔답니다. 기후가 추워지고 소 무리와의 경쟁에서 밀리면서 그 수가 점점 줄어들고 말았습니다.

날씨가 추워지니 털이 자라네.

360만 년 전

현재

이 뿔만 있으면 누가 공격해 와도 끄떡없어!

이렇게 생겨났어!

털코뿔소

- **서식 연대**: 신생대 신제3기(플라이오세)~제4기(플라이스토세)
- **크기**: 몸길이 4m
- **먹이**: 풀이나 이끼
- **서식지**: 영국, 시베리아 등

'**빙하기**'라는 혹독하게 추운 시기에 북방 한랭 지역에서 나타났다. 매머드 ▶관련: 29쪽으로 처럼 **온몸에 긴 털**이 있다. 약 1만 년 전까지 살아 있었고 미라도 발견된다.

이렇게 생겨났어!

흰코뿔소

- **서식 연대**: 현재
- **크기**: 몸길이 4m
- **먹이**: 풀
- **서식지**: 아프리카

몸집과 뿔이 크게 진화했다. 몸무게는 2t에서 4t 정도 된다. 코뿔소 뿔을 약으로 먹으면 병이 낫는다는 근거 없는 소문이 퍼지는 바람에 밀렵꾼들이 무분별하게 사냥해 현재 멸종 위기에 처해 있다.

변해도 너무 변해 놀라워!!

놀람 레벨 ★☆☆

말은 옛날에…

오늘날 — 말 (서러브레드)

> 심장 무게는 약 5kg. 더 빨리 달릴 수 있도록 심장도 크게 진화했다.

> 사람을 태우고도 시속 70km 속도로 달릴 수 있다.

> 어깨까지 높이가 어른 키랑 비슷해!

> 앞다리와 발굽

이런 시대도 있었어

우리 조상님은요…
마우루스 님 (서러브레드·수컷)

지금 내 발가락은 한 개밖에 없다말. 그래야만 힘을 한곳에 집중할 수 있고 땅도 힘차게 찰 수 있단 말이지. 내가 빨리 달릴 수 있는 이유다말! 하지만 우리 조상님은 나랑 달랐다말. 앞발가락은 네 개, 뒷발가락은 세 개였다말. 그때는 숲에서 살았기 때문에 빨리 달릴 필요도 없었으니까말. **발가락 수가 많은 게 울퉁불퉁한 길을 걷는 데 편리했었다나 뭐라나!** 히힝!

'작은 개'만 했다고!?

히라코테리움 — 옛날

약 5000 만 년 전

몸 높이는 40cm 정도로 작은 개와 비슷한 크기였다. 다리도 짧았다.

발견된 어금니 화석은 오늘날의 말과 다르다. 풀보다는 잎을 먹기 좋은 형태였다.

어머나, 난 겨우 강아지 크기인데!

앞다리와 발굽

발소리는 아직 딸그락거리지 않아!

숲속을 어슬렁거리며 새싹이나 부드러운 나뭇잎을 먹었다.

포유류
기제목

말은 이렇게 진화했다!

빨리 달리기에 적응해 다리가 길어지고 발가락 수가 점점 줄었다!

5000만 년 전 — 앞다리 발가락은 넷, 뒷다리 발가락은 셋!

1000만 년 전 — 발가락이 세 개가 됐어!

이렇게 생겨났어!

히라코테리움

서식 연대	신생대 고제3기(에오세)
크기	몸높이 40cm
먹이	새싹, 나뭇잎
서식지	북아메리카, 유럽

가장 오래된 말의 조상이다. 발가락은 **앞다리에 네 개, 뒷다리에 세 개**가 있고 작은 발굽이 붙어 있다. 몸집이 작아 초기에 화석이 발견되었을 때는 말의 조상이라고 생각하지 않았다.

이렇게 생겨났어!

메리키푸스

서식 연대	신생대 신제3기(마이오세)
크기	몸높이 1m
먹이	풀
서식지	북아메리카

앞다리의 발가락이 세 개로 줄었다. 가운뎃발가락 발굽이 크게 발달하여 더 빨리 달릴 수 있게 되었다. 반대로 좌우에 있는 두 개의 발가락은 작아졌다. 이빨이 길어지면서 질긴 풀도 먹을 수 있게 되었다.

지구 기후가 건조하고 추워지자 자연히 숲이 줄어들고 평원이 늘어났습니다. 어쩔 수 없이 숲에서 나와 초원에서 살게 된 말의 조상은 ==광활한 초원을 재빠르게 이동하거나 육식 동물로부터 도망치는 데 적응해야 했어요. 덕분에 다리가 길게 진화했지요.== 속도를 높이기 위해 발가락 수도 줄고 발굽도 크고 단단해지면서 더 빨리 달릴 수 있게 되었답니다.

현재

약 2840 만년 전

걷는 모습이 고릴라 같다고라?

내 친구들은 모두 발가락이 한 개야!

이렇게 생겨났어!

말 (서러브레드)

서식 연대	현재
크기	몸높이 1.6~1.7m
먹이	풀, 보리, 사과
서식지	세계 곳곳

1600년대에 **발가락이 한 개로 진화한 야생마 에쿠스**를 경주용 말로 개량해 만들었다. 발이 빠른 말끼리 교배하면서 더욱더 빠른 말들이 인공적으로 진화되어 나타났다.

이렇게 생겨났어!

번외편 칼리코테리움

서식 연대	신생대 고제3기(올리고세)~신제3기(플라이오세)
크기	몸높이 1.8m
먹이	나뭇잎
서식지	유라시아, 아프리카

말의 직접적인 조상은 아니지만 같은 기제류 생물이다. 기제류는 발굽 수가 홀수인 동물을 말한다. 발톱으로 나뭇가지를 끌어당겨 나뭇잎을 먹었다. **발톱이 상처 나지 않도록 웅크린 채로 걸어 다녀** 걷는 모습이 마치 고릴라 같았다고 한다.

변해도 너무 변해 놀라워!!

놀람 레벨 ★★★

포유류 피갑목

아르마딜로는 옛날에…
'꼬리'가 뾰족 가시 돋은 곤봉이었다고!?

오늘날

아홉띠아르마딜로

위험을 느낄 때 몸을 공처럼 둥글게 말아 보호하는 종은 세띠아르마딜로 우리 두 종뿐이다.

등을 뒤덮고 있는 '갑옷'은 매우 딱딱해서 육식 동물의 이빨도 뚫지 못한다고 한다.

작아도 방어력은 만렙!

이렇게 생겼났어!

등을 뒤덮고 있는 딱딱한 '갑옷'으로 몸을 보호한다. 이 갑옷을 '각질판'이라고 하는데 뼈판이 각질로 이루어진 판으로 덮여 있는 것이다. 야행성으로 낮에는 땅굴 속에서 낮잠을 자고 밤이 되면 활동하기 시작한다. 시력은 퇴화해서 거의 보이지 않지만 **후각이 발달**해서 냄새에 의존해 먹이를 찾을 수 있다. 잡식성으로 흰개미나 지렁이, 나무 열매 등을 먹는다.

서식 연대	현재	크기	몸길이 40cm	먹이	벌레나 작은 동물, 나무 열매	서식지	북아메리카 남부에서 아르헨티나

아르마딜로 조상은 지금으로부터 약 **5600만 년 전, 남아메리카에서 생겨난** 것으로 보입니다. 옛날에는 전체 길이가 **4m**나 되는 거대한 개체가 많았지만 **현재 거대한 아르마딜로는 모두 멸종**하고 말았어요. 그래서 오늘날 아르마딜로는 대다수가 몸집이 작아요. 몸집이 가장 큰 종인 왕아르마딜로도 전체 길이가 1.5m밖에 되지 않습니다.

약 258 만년 전

옛날

도에디쿠루스

딱딱한 등딱지를 가진 공룡인 곡룡과 닮음이 있지만 멸종하고 말았디로.

기다란 꼬리 끝에 뾰족한 가시가 잔뜩 돋아 있다. 이것을 곤봉처럼 휘둘러 몸을 보호했다.

이렇게 생겨났어!

거대한 몸집과 묵직한 갑옷, **가시 돋은 곤봉처럼 생긴 꼬리**를 가진 거대한 아르마딜로다. 포유류 역사상 가장 강력한 갑옷과 무기로 완전 무장하고 육식 동물과 맞서 싸웠다. 하지만 환경 변화 탓인지 인류의 사냥 탓인지 현재는 모두 멸종하고 말았다. 진화의 역사는 때로는 매우 무정하다. **반드시 강한 자가 살아남는 것은 아니다.**

서식 연대	크기	먹이	서식지
신생대·제4기 (플라이스토세)	전체 길이 4m	풀, 나뭇잎	남아메리카

변해도 너무 변해 놀라워!!

놀람 레벨 ★★☆

포유류 식육목

판다는 옛날에… '육식 동물'이었다고!?

오늘날 대왕판다

▶ 관련: 11쪽으로

약 1100만 년 전

판다의 미각은 420만 년 전쯤 퇴화했다. 그 결과 고기 맛을 느끼지 못하는 초식 동물로 진화하게 된 것일지 모른다.

안녕! 난 매일 10kg 이상 먹어야만 해…

판다 앞발에는 혹처럼 진화한 뼈가 있어 대나무를 꽉 움켜질 수 있다. 오로지 대나무나 조릿대만 먹고 살아야 했던 환경에 적응하면서 앞발의 구조가 진화한 것이다.

이렇게 생겨났어!

대왕판다의 조상은 '육식 동물'이었지만 적과의 경쟁을 피해 살아가면서 초식 동물로 변했다. 적이 없는 깊은 산속에서 자라는 **대나무를 주식으로** 먹도록 진화한 것이다. 하지만 판다의 장은 식물을 소화하기에 적합하지 않아 하루 종일 먹은 대나무의 20%밖에 소화할 수 없다. 결국 필요한 양분을 얻기 위해서는 **하루에 14시간이나 먹어야 하기 때문에** 그 외 시간은 자거나 쉬면서 보낸다.

서식 연대	현재	크기	몸길이 1.5m	먹이	조릿대, 대나무, 버섯	서식지	중국 남서부 산악림

오늘날 판다는 대나무만 먹는 동물로 유명하지요. 하지만 옛날에는 **다른 생물의 고기를 먹는 동물이었답니다.** 그래서 지금도 판다의 장과 이빨은 초식 동물보다 육식 동물에 가까운 형태를 띠고 있어요. **판다의 진화와 관련해서는 아직도 많은 부분이 풀리지 않은 수수께끼로 남아 있습니다.** 스페인에서 발견된 판다의 조상은 작은 곰 같은 생김새를 하고 있었다고 합니다.

크레트조이아크토스 〔옛날〕

몸집은 오늘날 판다보다 작았고 몸무게는 60kg 정도였다. 나무 오르기가 특기였던 듯하다.

육식을 하지만 질긴 식물을 먹기도 했다고!

털이 어떤 색이었는지는 수수께끼지만 판다처럼 까맣고 하얀 무늬였을 가능성도 있다.

이렇게 생겨났어!

가장 오래된 판다의 조상. 스페인에서 화석이 발견되었기 때문에 판다의 조상이 유럽에서 중국으로 넘어온 것은 아닌지 추측하고 있다. 구체적인 생태는 베일에 싸여 있지만 이빨과 턱 화석으로 볼 때 이미 오래전부터 질긴 식물을 먹었던 것으로 보인다. 먼저 **육식에서 잡식으로 진화했고 이후 식물도 먹을 수 있게 진화**한 듯하다.

서식 연대	크기	먹이	서식지
신생대·신제3기 (마이오세)	몸길이 1m	잡식성 (질긴 식물도 먹었다)	남서 유럽의 숲

변해도 너무 변해 놀라워!!
놀람 레벨 ★★★ MAX

포유류 유모목
나무늘보는 옛날에…
'전투력' 만렙이었다고!?

오늘날 — 두발가락나무늘보

약 500만 년 전

길고 날카로운 갈고리 모양 발톱으로 나뭇가지에 매달린다.

현재 지구에는 앞발톱이 두 개인 두발가락나무늘보와 세 개인 세발가락나무늘보 두 종이 있다.
▶ 관련: 113쪽으로

까…꿍, 나무늘보의… 생존 필승 전략은… 눈에… 띄지 않기…!

이렇게 생겨났어!

두발가락나무늘보의 조상은 땅 위에서 생활하다가 **나무 위에서 생활하는 데 적응**한 무리다. 야행성으로 해가 떨어지면 활동하기 시작하고 **낮에는 잠을 자며 보낸다**. 밝을 때는 가만히 움직이지 않고 숨어 지내며 땅 위의 치열한 생존 경쟁에서 벗어나 있었기 때문에 살아남을 수 있었다. 게을러 보이는 나무늘보의 생활 습관이 **사실은 아주 영리한 생존 전략**이었다!

| 서식연대 | 현재 | 크기 | 몸길이 60cm | 먹이 | 나뭇잎이나 열매 | 서식지 | 남아메리카 |

아주 오래전 지구에는 **거대한 몸집으로 지상을 활보하던 큰나무늘보가 있었습니다.** 그런데 약 **1만 년 전** 큰나무늘보가 살던 남아메리카에 인류가 나타났고 이들은 고기와 털가죽을 얻기 위해 큰나무늘보를 사냥하기 시작했어요. 그 결과 **큰나무늘보는 모두 멸종했고** 몸집이 작은 무리만 살아남아 현재의 나무늘보가 되었답니다.

메가테리움 — 옛날

커다란 몸집과 날카로운 발톱으로 인간에게 맞서던 때가 좋았는데…

앞발톱으로 나뭇가지를 끌어당긴 뒤, 긴 혀로 잎을 훑어 먹었다.

몸길이는 최대 6m나 되었다. 그 덕에 다른 생물이 닿지 않는 키 큰 나무의 잎도 쉽게 먹을 수 있었다.

이렇게 생겨났어!

지구 역사상 가장 거대한 나무늘보다. 떡 벌어지고 다부진 몸집에 몸무게는 3t이나 되었다. 땅 위에서 생활했고 묵직한 꼬리로 지탱해 두 다리로 설 수 있게 되었다. 움직임은 굼떴지만, 두꺼운 털가죽은 뼈처럼 단단했고* 날카로운 발톱은 무기가 되어 **육식 동물의 공격을 받아도 끄떡없을 만큼 전투력이 막강했다.** 하지만 급격한 환경 변화와 무장한 인간 사냥꾼은 당해 낼 수 없었다.

 서식 연대 신생대 신제3기 (플라이오세)~ 제4기(홀로세)

 크기 몸길이 6m

 먹이 나뭇잎

서식지 남아메리카

* 털가죽 밑에는 단단한 뼈로 된 판이 있었다.

변해도 너무 변해 놀라워!!

놀람 레벨 ★★★ MAX

개와 고양이는 옛날에…

오늘날 고양이 (집고양이)

약 **5500** 만 년 전

냐옹, 난 나무 오르기가 특기다냥!

몸이 유연하고 점프력이 좋아 높은 곳으로 뛰어오를 수 있다. 몇 미터 높이에서 뛰어내려도 다치지 않고 착지할 수 있다.

심장과 폐가 몸에 비해 커 마라톤 선수처럼 오랜 시간 지치지 않고 계속 달릴 수 있다.

오늘날 개 (집개)

멍멍, 난 달리기가 특기다멍!

'같은 동물'이었다고!?

미아키스 옛날

냐멍냐멍. 난 그대들의 조상이다냥.

개와 고양이의 공통 조상으로 알려져 있다. 오늘날 족제비나 담비와 생김새가 비슷하다.

이런 시대도 있었어

우리 조상님은요...
견공 댕댕 님(집개·수컷)

아주 오랜 옛날에 우리 견공의 조상님은 **숲속 나무 위에서 생활하셨다멍**. 날카로운 발톱으로 작은 새나 그들의 알, 도마뱀 같은 걸 잡아먹었다멍. 나무에서 떨어지지도 않고 잘도 버티셨다고 한다멍. 엥? 잠깐만, 이게 뭐다멍? 그렇다면 **우리 조상님이 묘공의 조상이기라도 했단 말인가멍!?** 이것 참, 기절초풍할 일이다멍!

고양이처럼 먹잇감을 움켜쥐는 날카로운 발톱, 개와 비슷한 허리뼈로 볼 때 개와 고양이 양쪽의 특징을 모두 갖고 있었다.

포유류 식육목 — 개와 고양이는 이렇게 진화했다!

초원으로 나온 무리는 개로, 숲에 남은 무리는 고양이로 진화했다!

그건 그렇고, 어느 길로 가야 하지?

→ 숲
→ 초원

5500만 년 전

3500만 년 전

가만 있어 봐. 나 지금 개처럼 변한 거 맞지?

이렇게 생겨났어!

미아키스

서식 연대	신생대 고제3기(팔레오세~에오세)
크기	몸길이 30cm
먹이	새나 작은 동물
서식지	북아메리카, 유럽

개와 고양이를 포함한 **'식육목' 생물의 공통 조상**으로 보인다. 오늘날의 개, 고양이와 달리 발꿈치를 땅에 붙이고 걸었기 때문에 나무 위에서도 자세가 안정적이다.

이렇게 생겨났어!

헤스페로키온

서식 연대	신생대 고제3기(에오세~올리고세)
크기	몸길이 40cm
먹이	작은 동물
서식지	북아메리카

미아키스 자손에서 진화한 것으로 보이는 **가장 오래된 '갯과'**의 동물. 오늘날의 개와 달리 발톱이 길다. 이들은 아직 나무에 오를 수 있었던 것으로 보인다.

개와 고양이는 같은 '식육목' 무리 생물이에요. 이들의 조상은 숲속 나무 위에서 생활했던 듯합니다. 그러다 숲을 나와 초원에서 살게 된 무리가 개의 친척으로, 숲에 남은 무리가 고양이의 친척으로 진화한 것으로 보여요.

이렇게 생겨났어!

프로아일루루스

- **서식 연대** 신생대 고제3기(올리고세)
- **크기** 몸길이 60cm
- **먹이** 작은 동물의 고기
- **서식지** 아시아, 유럽

미아키스 자손에서 진화한 것으로 보이는 **가장 오래된 '고양잇과'**의 동물. 오늘날의 고양이보다 목이나 머리가 길다. 날카로운 이빨로 나무 위에서 작은 동물을 잡아먹었던 것으로 보인다.

이렇게 생겨났어!

고양이(집고양이)

- **서식 연대** 현재
- **크기** 몸길이 30~80cm
- **먹이** 가공육
- **서식지** 전 세계

리비아살쾡이를 길들인 것.

개(집개)

- **서식 연대** 현재
- **크기** 몸길이 30cm~1.3m
- **먹이** 잡식
- **서식지** 전 세계

야생 늑대를 길들인 것.

> 변해도 너무 변해 놀라워!!
> 놀람 레벨 ★★★☆

거북은 옛날에…

오늘날 — 푸른바다거북

약 2억 2800만 년 전

1m나 되는 커다란 등딱지가 내 자랑거리지!

등딱지가 매우 딱딱해 몸을 보호하는 데 아주 요긴하다. 게다가 등딱지는 필요한 양분을 저장하는 역할도 한다.

바닷속에서 살지만 물고기처럼 물속 호흡을 할 수 없다. 가끔 물 위로 머리를 내밀고 숨을 쉰다.

이런 시대도 있었어

우리 조상님은요…
꼬북레옹 3세 님 (푸른바다거북·수컷)

여봐라, 우리 거북들의 등딱지는 갈비뼈가 넓적하게 발달하던 것이 등뼈에 붙어 생긴 것이다. 그 위를 딱딱한 껍데기가 덮어 튼튼한 등딱지가 된 것이렷다. 하지만 우리 조상님들에게는 아직 등딱지가 없었다고 들었다. 다만 등딱지로 '변하기 시작하는' 갈비뼈는 있으셨던 것 같더구나. 그래도 이 얼굴과 부리를 보아라. 거북을 닮은 요 얼굴이야말로 우리 조상님이셨다는 증거가 아니겠느냐!

'등딱지'가 없었다고!?

에오린코켈리스 / 옛날

등딱지도, 배딱지도 없었지만 등딱지 모양의 둥글고 넓적한 몸통을 하고 있었다.

대단대단. 아직 난 무방비 상태~

입 모양은 오늘날 거북처럼 부리 모양이다.

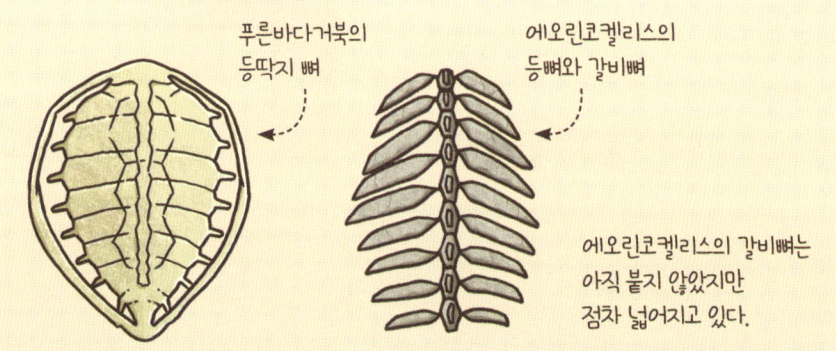

푸른바다거북의 등딱지 뼈

에오린코켈리스의 등뼈와 갈비뼈

에오린코켈리스의 갈비뼈는 아직 붙지 않았지만 점차 넓어지고 있다.

파충류 거북목

거북은 이렇게 진화했다!

**뼈가 진화의 진화를 거듭해 딱딱한 등딱지로!
적으로부터 몸을 보호하는 최적의 아이템!**

2억 2800만 년 전

처음엔 등딱지도 배딱지도 없었어~

2억 2000만 년 전

어랏? 배에만 딱딱한 껍데기가 생겼네!

이렇게 생겨났어!

에오린코켈리스

서식 연대	중생대 트라이아스기
크기	전체 길이 2.5m
먹이	???
서식지	중국

가장 오래된 거북의 조상. **등딱지는 없었지만** 입 모양은 지금의 거북처럼 부리 모양이었다. 오늘날 거북은 이빨이 퇴화했지만 에오린코켈리스는 날카로운 이빨을 갖고 있었다.

이렇게 생겨났어!

오돈토켈리스

서식 연대	중생대 트라이아스기
크기	전체 길이 40cm
먹이	육식
서식지	중국

배딱지만 있었다고 전해지는 원시 거북이다. 물속을 헤엄칠 때 아래쪽에서 공격해 오는 적으로부터 몸을 보호하기 위해 배딱지가 먼저 진화한 것이라 추측된다. 입은 부리 모양이 아니고 이빨이 나 있었다.

거북의 조상은 공룡과 같은 시기 파충류에서 진화해 생겨났습니다. **거북의 등딱지는 거북 몸의 뼈가 놀라운 진화를 거듭하며 조금씩 변형된 것이에요.** 딱딱한 등딱지를 장착한 거북은 육지에서 사는 친척, 물속에서 사는 친척, 육지와 물 양쪽에서 사는 친척 등 전 세계 다양한 장소에 많은 거북 친척을 늘릴 수 있었습니다.

현재

누가 뭐래도 등딱지가 나의 매력 포인트!

7500만 년 전

야호, 상어한테도 기죽지 않을 정도로 몸이 커졌어!

이렇게 생겨났어!
아르켈론

서식 연대	중생대 백악기
크기	전체 길이 4m
먹이	암모나이트
서식지	북아메리카

지구 역사상 가장 거대한 바다거북이다. **앞다리, 뒷다리가 물고기 지느러미처럼 진화했다.** 앞지느러미를 펼치면 폭이 5m나 되었다. 큼직한 턱으로 암모나이트를 와그작와그작 씹어 먹었던 듯하다.

이렇게 생겨났어!
푸른바다거북

서식 연대	현재
크기	전체 길이 1.5m
먹이	바다풀, 조류
서식지	태평양, 대서양, 인도양

현재 지구에서 가장 큰 바다거북이다. 새끼 거북은 게나 해파리를 먹지만 어미 거북은 바다풀을 먹는다. 암컷은 해안에서 한 번에 80~150개 알을 낳는다. 알에서 태어난 새끼 거북은 다시 바다로 돌아간다.

변해도 너무 변해 놀라워!!
놀람 레벨 ★★★ MAX

상어는 옛날에…

오늘날 — 백상아리

짜~잔, 짜~잔! 내 이빨은 빠져도 나고 또 난다! 부럽지?

날카로운 상어의 이빨은 하나당 길이가 7cm나 된다. 만일을 대비한 여분의 이빨이 몇 겹으로 줄지어 나 있다.

앞 이빨이 빠지면 바로 안쪽에 있는 이빨이 밀고 나와 새롭게 교체된다.

이런 시대도 있었어

우리 조상님은요…
Mr. 죠스 님 (백상아리·수컷)

들어 봐, 내 피부 이야기, yo! 무 따위는 순식간에 갈아 버릴 정도로 까칠까칠하지! say 호! 왜냐, **우리 비늘은 이빨이랑 똑같은 재질로 만들어졌지!** 온몸에 딱딱한 이빨이 잔뜩 나 있는 거랑 마찬가지! say 호호! 그런데 우리 조상님은 더 심하지! **등지느러미와 비늘이 발달했지,** yo! 송곳니 같은 가시를 등에 잔뜩 달고 다녔지! say 호호호!

등에 '이빨'이 나 있었다고?

아크모니스티온 — 옛날

약 **3**억 **5000**만 년 전

신기하게 생긴 등지느러미 위에는 날카로운 이빨 같은 가시가 잔뜩 나 있다.

등지느러미가 진화해 다리미판처럼 등에 툭 튀어나와 있다.

오기만 해 봐, 아주 그냥. '등에 난 이빨'로 너덜너덜하게 만들어 줄 테니까!

아얏!

신기하게 생긴 등지느러미는 사냥감을 공격할 때 사용했다, 암컷에게 구애할 때 도움이 되었다 등등 여러 추측이 난무한다. 하지만 이 등지느러미의 정확한 기능은 여전히 수수께끼로 남아 있다.

연골어류
판새아강

상어는 이렇게 진화했다!

**뼈는 물렁물렁하지만 껍질은 딱딱하다!
공격력을 점점 올려 마침내 바다의 왕자가 되다!**

3억 5000만 년 전

앗싸! 우리 시대다~!

주름상어 닮았다는 말을 자주 들어.
▶ 관련: 119쪽으로

3억 7000만 년 전

이렇게 생겨났어!

클라도셀라케

서식 연대	고생대 데본기
크기	전체 길이 2m
먹이	육식
서식지	아메리카 주변

꽤 오래전에 살았던 상어의 조상이다. 미사일처럼 생긴 유선형 몸, 커다란 가슴지느러미와 꼬리지느러미로 볼 때 오늘날 상어와 비슷한 생김새였다. 이빨은 한 번 빠지면 다시 나지는 않았던 듯하다.

이렇게 생겨났어!

아크모니스티온

서식 연대	고생대 석탄기
크기	전체 길이 70㎝
먹이	육식
서식지	북아메리카, 유럽 주변

석탄기는 상어 무리가 번성하던 시대다. 당시 어류의 약 70%가 상어 무리였다고 한다. 아크모니스티온처럼 **개성 넘치는 생김새로 진화**한 상어가 많았던 듯하다.

물고기는 크게 딱딱한 뼈를 가진 '경골어류'와 물렁물렁한 뼈를 가진 '연골어류' 두 종으로 나뉩니다. **상어는 연골어류에 속하는데, 상어의 가장 오래된 친척은 4억 년 전쯤 출현했어요.** 이후 빠져도 몇 번이고 새로 나는 날카로운 이빨이나 이빨과 똑같은 소재로 만들어진 딱딱한 비늘 등 바다 최강의 몸으로 점차 진화했습니다.

2억 9000만 년 전

이빨 모양이 너무 신기해서 상어계 에이스라는 말을 좀 듣지.

진화를 거듭해 온 지 어느덧 4억 년. 지금 이 몸은 세계 최대 육식 어류라네!

현재

이렇게 생겨났어! 백상아리

서식 연대	현재
크기	전체 길이 6m
먹이	바다표범, 바다거북, 물고기
서식지	세계 곳곳

머리끝에 '로렌치니 기관'이라는 센서가 있어서 생물이 내는 미세한 전류를 감지해 어둠 속에서도 사냥감이 있는 장소를 알아낼 수 있다. **어류 최강의 사냥꾼**으로 손꼽히지만 범고래와 대적하지는 않았던 듯하다.

이렇게 생겨났어! 번외편 헬리코프리온

서식 연대	고생대 페름기		
크기	전체 길이 3m	서식지	세계 곳곳
먹이	암모나이트 등?		
분류	연골어류 전두아강		

아래턱에 **톱니바퀴처럼 생긴 소용돌이 이빨**이 줄줄이 돋아나 있는 은상어 무리*다. 이렇게 생긴 이빨로 도대체 어떻게 먹이를 먹은 걸까? 현재 이빨과 턱 화석밖에 발견되지 않았기 때문에 아직도 베일에 싸인 존재다.

*상어나 가오리가 속한 판새아강 무리와 다르게 진화한 전두아강 무리의 물고기.

변해도 너무 변해 놀라워!!

놀람 레벨 ★★☆

파충류 유린목

뱀은 옛날에…
'다리'가 있었다고!?

오늘날 구렁이

다리가 없어도 나무도 오르고 수영도 가능하다는 거 아님?

혀를 날름거리며 먹잇감 냄새를 맡을 수 있다. 입을 몸보다 크게 벌린 뒤 잡은 먹잇감을 통째로 삼킨다.

독은 없지만 새끼 때는 독사인 살모사의 의태**를 하고 있다고 한다. 몸 색깔과 무늬가 독사와 비슷해 적의 공격을 잘 받지 않는다.

이렇게 생겨났어!

다리는 퇴화해 사라졌지만 대신 등뼈나 비늘이 발달했다. 사람 등뼈는 30개 정도인데 **구렁이 등뼈는 200개가 넘는다.** 유연한 몸을 자유자재로 움직여 다양한 장소로 이동할 수 있다. 배 비늘 양쪽에 작은 돌기가 잔뜩 나 있다. 이 돌기를 다리 대신 이용해 나무나 벽에 기어오를 수 있다.

서식 연대	현재	크기	전체 길이 2m	먹이	쥐나 새	서식지	한국 각지의 산림이나 농지

뱀은 아주 오래전에 도마뱀 무리에서 진화해 생겨났습니다. 처음에는 다리가 네 개였지만 바위 같은 틈새에서 사는 데 적응하면서 앞다리와 뒷다리가 퇴화해 현재의 생김새가 되었어요. 가장 오래된 조상은 1억 5000만 년보다 훨씬 전에 나타났다고 해요. 숲, 사막, 바다, 강 가리지 않고 지구의 모든 환경에 적응하다 보니 뱀의 친척은 현재 3000종 이상이나 된다는군요!

옛날

파키라키스

약 **9500** 만 년 전

아직 뒷다리는 있지만 완전 작아!

작은 뒷다리가 특징이다. 얕은 바다에서 사는 바다뱀의 친척.

이렇게 생겨났어!

뱀의 조상은 먼저 몸통이 길게 진화했다. 이후 앞다리가, 그다음에 뒷다리가 퇴화한 것으로 보인다. 파키라키스는 앞다리는 없지만 뒷다리가 아주 작게 남아 있었다. 최근 연구에서 7000만 년 동안 뒷다리가 남아 있던 뱀이 존재했던 것이 밝혀졌다. 아무래도 작은 뒷다리가 생존에 도움이 되었던 것으로 보인다.

| 서식 연대 | 중생대 백악기 | 크기 | 전체 길이 1.5m | 먹이 | 육식 (물고기나 새우 등?) | 서식지 | 이스라엘 주변 바다 |

변해도 너무 변해 놀라워!!
놀람 레벨 ★★☆

양서류 무미목
개구리는 옛날에…
'공룡'을 잡아먹었다고!?

오늘날 — 청개구리

나의 최애 먹이는 메뚜기랑 거미!

약 7000 만년 전

주위 환경에 따라 몸이 노르스름한 초록색이나 갈색이 도는 얼룩무늬로 변한다. 겨울이 되면 어두운 땅속에 들어가 겨울잠을 자는데, 이때 몸은 갈색이 도는 얼룩무늬가 된다.

수컷만 울며 목에 있는 '울음주머니'를 부풀려 소리를 크게 낼 수 있다. 울음소리로 암컷을 유혹하거나 자기 영역을 주장한다.

이렇게 생겨났어!

개구리는 양서류 조상에서 진화해 생겨났다. **새끼인 올챙이 때는 물속에서 살고, 성장하면 땅 위에서 사는 것**이 특징이다. 올챙이는 팔다리가 없고 지느러미가 달린 꼬리를 흔들며 헤엄친다. 성장하면서 뒷다리와 앞다리가 자라고 꼬리는 사라진다. 오늘날에는 개구리가 청개구리를 포함해 전 세계에 약 6500종이 있다.

서식 연대	크기	먹이	서식지
현재	몸길이 4cm	곤충이나 거미	한국, 중국, 일본 등

개구리 같은 '양서류'는 육상에서 살게 된 어류에서 진화했습니다. 양서류를 비롯한 **네발짐승의 다리는 물고기의 지느러미가 변한 것이에요. 가장 오래된 개구리 조상은 2억 5000만 년 전쯤 양서류 조상에서 진화해 생겨났다고 해요.** 뒷다리가 발달하여 높은 점프가 특기지만 꼬리는 퇴화했습니다.

베엘제부포라는 이름은 '악마의 개구리'라는 뜻이다.

베엘제부포 — 옛날

먹는 걸 사랑하는 나는 공룡 새끼도 통째로 꿀꺽할 수 있다고!

이렇게 생겨났어!

공룡과 같은 시대에 살았던 지구 역사상 가장 큰 개구리다. 몸집이 커서 몸무게가 4.5kg에 달했다고 한다. 오늘날의 뿔개구리와 비슷한 친척이다. 뿔개구리처럼 잠복해 있다가 먹잇감을 덮친 뒤 한입에 꿀꺽 삼켰을 것으로 보인다. 날카로운 이빨과 튼튼한 턱을 갖고 있어 알에서 막 태어난 공룡 새끼를 잡아먹었다고 한다.

| 서식 연대 | 중생대 백악기 | 크기 | 몸길이 40cm | 먹이 | 공룡의 새끼? | 서식지 | 마다가스카르 |

변해도 너무 변해 놀라워!!

놀람 레벨 ★★★ MAX

새는 옛날에…
'공룡'이었다고!?

오늘날

안데스콘도르

날카롭고 큼직한 부리로 죽은 동물의 껍질을 찢어 낸 뒤 고기를 먹는다. 해안을 따라 날며 하늘에서 죽은 바다표범을 찾아낸다.

역시 하늘을 나는 게 최강짱이지!

현재 존재하는 새 가운데 날개가 가장 크다. 좌우 날개를 펼친 길이가 3m나 된다.

약 6600 만년 전

이런 시대도 있었어

우리 조상님은요…
콘도르 교관 님 (안데스콘도르·수컷)

충성! 우리 **새의 조상님은 '코엘루로사우루스'라는 공룡 친척에서 진화했습니다!** 몸을 따뜻하게 만들기 위해 몸에는 깃털이 나기 시작했고 앞다리가 날개로 진화해 하늘을 훨훨 날 수 있게 되었던 것입니다! 그 유명한 **티라노사우루스도 사실은 코엘루로사우루스 친척**이라는 사실 아십니까? 몸이 털로 뒤덮였을지도 모른다는 말은 새빨간 거짓말이라고 하니 주의 바랍니다. 충성!

만약 티라노사우루스가 깃털을 가지고 있었다면 머리 뒤부터 등 일부에만 자랐을 가능성이 높다.

공룡류 ~조류

새는 이렇게 진화했다!

몸은 깃털로 덮이고 앞다리가 날개로 진화해 하늘을 날 수 있게 되었다!

폭신폭신한 이 깃털, 얼마나 따뜻한지 알까 몰라.

1억 3000 만년 전

아, 날개이긴 하지만 타조처럼 날 수 없는 날개야!

7500 만년 전

이렇게 생겨났어!

시노사우롭테릭스

서식 연대	중생대 백악기
크기	전체 길이 1m
먹이	작은 동물의 고기나 곤충
서식지	중국

화석에 깃털의 흔적이 남아 있다. 이 발견으로 공룡에게 깃털이 있었음이 증명되었다. 길이가 5mm 정도 되는 오렌지색 털이 온몸을 뒤덮고 있었고 꼬리에는 줄무늬가 있었다.

이렇게 생겨났어!

오비랍토르

서식 연대	중생대 백악기
크기	전체 길이 3m
먹이	잡식성(알이나 나무 열매 등?)
서식지	몽골

새를 닮은 부리와 볏, 날개를 갖고 있었지만 몸집이 커서 하늘을 날 수 없었다. 둥지 위에 다소곳이 앉아 **알을 따뜻하게 덥히곤 했던 것으로** 보인다.

6600 만년 전

조류는 깃털을 가진 공룡 친척에서 진화한 것으로 보여요. 공룡의 깃털은 피부의 일부가 변한 것으로 몸을 덥히거나 무리끼리 의사소통하는 데 요긴하게 사용되었던 듯합니다. 깃털이 난 앞다리가 진화한 날개를 퍼덕거리며 하늘을 날게 된 무리가 바로 조류예요. 공룡이 멸종한 뒤 조류는 전 세계로 친척을 늘려 나갔고 현재는 약 1만 종이나 된다고 합니다.

하늘을 자유롭게 날 수 있는 건 하늘이 준 선물이야.

크아아앙, 나한테 털이 있었는지 없었는지가 그렇게 신경 쓰이남?

현재

이렇게 생겨났어!
티라노사우루스

서식 연대	중생대 백악기
크기	전체 길이 12m
먹이	동물의 고기
서식지	북아메리카

지구 역사상 가장 크고 막강한 육식 공룡이다. 깃털이 있었을 가능성도 있다. 비늘 형태의 피부 화석이 발견되었기 때문에 깃털이 있었다 해도 몸 일부분에서만 자랐을 가능성이 높다.

이렇게 생겨났어!
안데스콘도르

서식 연대	현재
크기	몸길이 1.3m
먹이	죽은 동물의 고기
서식지	남아메리카

커다란 날개를 가졌으며 육식을 하는 새다. 글라이더처럼 날개를 펴고 바람의 힘을 이용해 하늘을 난다. 절벽 위에 둥지를 짓고 살며 새끼가 성장할 때까지 어미와 함께 생활한다. 부부는 평생 함께 산다고 한다.

변해도 너무 변해 놀라워!!
놀람 레벨 ★★★

인간은 옛날에…

오늘날 인간 (호모 사피엔스)

입은 납작하다. 머리뼈 뒤쪽이 둥그렇게 튀어나와 커다란 뇌를 넣을 수 있는 구조다. 뇌 크기는 라미두스 원인보다 약 4배 더 크다!*

퉷, 내 조상님이라고?

약 440 만년 전

몸의 털이 많지 않고 피부가 밖으로 드러나 있다. 인류 조상이 숲에서 평야로 나와 먹을 것을 찾아 돌아다니면서 체온이 너무 오르지 않도록 온몸의 털이 퇴화한 것으로 보인다.

* 인간의 뇌는 10~12세 정도가 되면 어른과 크기 차이가 거의 나지 않는다. 현대인의 뇌 용적은 약 1350cc, 라미두스 원인의 뇌는 350cc 정도였던 것으로 보인다.

이런 시대도 있었어

우리 조상님은요…
진화 어린이 님(인간·초4 남학생)

아주아주 오랜 옛날에 **우리 조상님은 숲속에서 살았었대요.** 생김새도 침팬지랑 좀 비슷했던 거 같고요. 말도 안 된다고요? 아직 놀라긴 이르답니다. 조상들은 두 발로 걸을 수는 있었지만 아직 먼 거리를 걷거나 달리는 건 무리였다네요. 대신 **나무 위와 땅 위를 오가며 생활**했을 거래요. 근데 이렇게 온몸에 털이 무성했다면 옷도 필요 없고 편했을 거 같지 않나요?

온몸이 '털투성이'였다고!?

라미두스 원인 (아르디피테쿠스 라미두스) **옛날**

얼굴은 원숭이를 닮았지만, 두 발로 걸어 다니니 조상님이 맞지!

인간보다 팔이 길고 손가락과 발가락도 길다. 나무 오르기나 나뭇가지 매달리기가 특기였다. 두 발로 서거나 걸을 수 있었던 것으로 보인다.

입이 앞으로 튀어나와 있었다. 머리뼈 뒤쪽 공간이 작아 뇌도 작았다.

침팬지처럼 온몸이 털로 뒤덮여 있었던 것으로 보인다.

맛있는 나무 열매를 찾아라~!

엄지발가락이 길어 나무 위에서 생활하는 데 적합했다. 인류가 나무 위에서 내려와 땅 위에서 생활하게 되는 진화의 중간 단계 특징을 가지고 있는 것으로 보인다.

포유류 영장목

인간은 이렇게 진화했다!

두 발로 걷고, 두 손으로 도구를 만든다!

440 만년 전

처음에는 숲에서 살았어.

240 만년 전

내가 석기를 만들어 봤지.

이렇게 생겨났어!

아르디피테쿠스 라미두스

서식 연대	신생대 신제3기(플라이오세)
크기	키 120cm
먹이	작은 동물의 고기나 나무 열매
서식지	에티오피아

가장 오래된 인류의 조상이다. 온몸의 생김새를 파악할 수 있는 화석이 발견되고 있다. 나무에 오르는 등 침팬지와 비슷한 유인원의 특징과 두 발로 걷는 인간의 특징을 모두 갖고 있다.

이렇게 생겨났어!

호모 하빌리스

서식 연대	신생대 제4기(플라이스토세)
크기	키 100~135cm
먹이	동물의 고기나 나무 열매
서식지	탄자니아, 케냐 등

돌을 깨뜨려 쪼갠 뒤 뾰족한 부분을 칼처럼 사용하는 도구(석기)를 만들기 시작했다. **석기로 동물 가죽을 벗기거나 고기를 자를 수 있게 되었다.** 뇌의 크기가 점차 커졌다.

인간의 조상은 숲에서 사는 원숭이 무리에서 진화해 생겨났습니다. 인간의 가장 큰 특징은 '두 발로 똑바로 서서 걸을 수 있다'는 것이죠! 그 덕분에 두 손을 자유롭게 사용할 수 있게 되었답니다. 자유로운 손으로 '도구'를 만들 수 있게 되었고, 덕분에 먹을 수 있는 것이 늘어났으며, 뇌도 더욱 크게 진화했어요. 뇌가 발달하자 서로의 감정이나 생각을 '언어'로 전달할 수 있게 되어 큰 집단을 이루고 협력하며 생활할 수 있게 되었답니다.

180만 년 전

나는 불을 사용해 음식을 조리했을지도 몰라!

약 20만 년 전~

큰 집단을 이루고 서로 도우며 살게 되었지.

이렇게 생겨났어!

호모 에렉투스

서식 연대	신생대 제4기(플라이스토세)
크기	키 145~185cm
먹이	동물의 고기나 나무 열매
서식지	아프리카, 중국, 인도네시아 등

돌의 양면을 날카롭게 갈아 아주 편리하게 만든 석기인 손도끼를 사용하였다. 뇌가 더욱더 크게 진화해 불로 고기를 조리한 뒤 많은 양분을 얻었을 가능성이 있다.

이렇게 생겨났어!

호모 사피엔스

서식 연대	약 20만 년 전~현재
크기	키 160~180cm
먹이	동물의 고기나 나무 열매
서식지	세계 곳곳

집단으로 힘을 모아 큰 사냥감을 사냥했고 작물을 키우며 농사를 짓기 시작했다. 전 세계로 퍼져 나가 큰 집단을 이루고 살면서 도시나 나라를 만들고 문명을 이루었다. 바로 우리 '인간'의 탄생이다!

제 2 장

깜짝 비교

안 변해도 너무 안 변해

옛날 모습이 지금까지 남아 있는 생물

진화 과정을 살펴보면 생김새가 아주 많이 변한 생물이 많지요. 하지만 아주 오랜 옛날부터 지금까지 생김새가 별로 변하지 않은 생물도 있어요. 생김새가 변하지 않은 생물들은 아주 오래전 지층에서 발견되는 조상의 화석과 생김새가 아주 비슷해요. 그래서 '살아 있는 화석'이라고 부르기도 한답니다.

이 생물들은 어떻게 그리 오랜 시간 동안 생김새가 크게 변하지 않고 살아남을 수 있었던 걸까요? 우리 인류의 역사를 기준으로 이 생물들의 역사가 얼마나 긴지 비교해 보아요!

이 장을 재미있게 읽는 방법

인류의 조상 라미두스 원인이 출현한 때는 약 440만 년 전(77쪽 참고)이에요. 인류의 역사에 비해 '살아 있는 화석'이라고 불리는 생물의 역사는 얼마나 길까요? 출현 미터로 비교해 보세요!

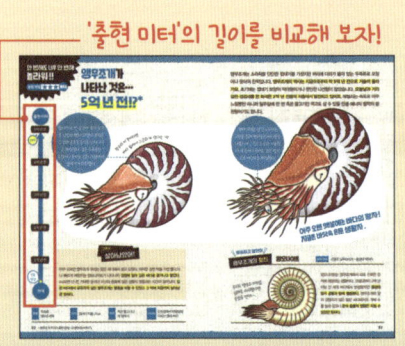

80

**안 변해도 너무 안 변해
놀라워!!**

놀람 레벨 ★★★★ MAX

앵무조개가 나타난 것은…
5억 년 전!?*

출현 미터

- 5억 년 전 ← 여기
- 4억 년 전
- 3억 년 전
- 2억 년 전
- 1억 년 전
- 인류 탄생
- 현재

껍데기 속 빈 공간에 물과 공기를 넣었다 뺐다 하면서 부력을 조절해 물속을 둥실둥실 떠다니듯 헤엄친다. 같은 두족류인 오징어나 문어는 진화 과정에서 껍데기가 퇴화했다.

장수의 비결이라면 바다 밑에서 느긋하게 산다는 거?

그래서 살아남았어!

아주 오래전 앵무조개 무리는 얕은 바다에서 살고 있었다. 하지만 강한 턱을 가진 물고기나 빠르게 헤엄치는 암모나이트가 나타나자 **경쟁에 밀려 깊은 바다로 쫓겨나고 말았다**. 6600만 년 전, 거대한 운석이 지구와 충돌해 많은 생물이 멸종하는 사건이 일어났다. **깊은 바다에서 유유자적 살던 앵무조개는 멸종을 피할 수 있었고 그 덕에 지금까지 살아남은 듯하다.**

| 분류 | 두족류 앵무조개목 | 크기 | 껍데기 지름 20㎝ | 먹이 | 죽은 물고기나 게 껍데기 | 서식지 | 인도양에서 태평양에 이르는 열대 바다 |

82 *앵무조개 무리의 출현 연대: 고생대 캄브리아기

앵무조개는 소라처럼 단단한 껍데기를 가졌지만 머리에 다리가 붙어 있는 두족류로 오징어나 문어의 친척입니다. 앵무조개의 역사는 지금으로부터 약 5억 년 전으로 거슬러 올라가요. 초기에는 껍데기 모양이 막대형이거나 완만한 나선형이 많았습니다. 오늘날과 거의 같은 생김새를 한 화석은 2억 년 전쯤의 지층에서 발견되고 있어요. 헤엄치는 속도도 아주 느릴뿐만 아니라 일주일에 한 번 죽은 물고기만 먹고도 살 수 있을 만큼 에너지 절약의 끝판왕이기도 합니다.

깔때기처럼 생긴 누두라는 구멍을 통해 빨아들인 바닷물을 내뿜으며 그 힘으로 뒤로 이동한다. 오징어나 문어도 같은 방식으로 바닷속을 헤엄친다.

**아주 오랜 옛날에는 바다의 왕자!
지금은 바닷속 은둔 생활자.**

멸종하고 말았어
앵무조개의 절친 　 암모나이트

서식 연대 　 고생대 실루리아기~중생대 백악기

우리도 앵무조개처럼 심해로 이사했다면 좋았을 텐데….

암모나이트는 앵무조개에서 따로 진화한 친척에 해당하는 생물이다. 고생대부터 3억 년 이상 전 세계 바다에서 번성했지만 **중생대 말기 공룡과 함께 멸종했다**. 앵무조개와 달리 경쟁자가 많은 얕은 바다에서도 개체 수를 늘려 갔으나 **운석 충돌의 영향은 피할 수 없었던 듯하다**.

안 변해도 너무 안 변해 놀라워!!

놀람 레벨 ★☆☆

원시잠자리가 나타난 것은… 1.5억 년 전!?*

출현 미터
- 5억 년 전
- 4억 년 전
- 3억 년 전
- 2억 년 전
- 1억 년 전 (여기)
- 인류 탄생
- 현재

이제까지 추위에 잘 적응했는데 지구 온난화 때문에 잠을 잘 수 없자리!

현재 지구상에서 가장 원시적인 특징을 가진 잠자리!

날개의 연결 부위가 좁고, 날개 네 장 모두 같은 모양이다. 날개를 접은 상태에서 멈춘다. 이것이 원시적인 잠자리(균시아목)가 가진 특징이라고 한다.

그래서 살아남았어!

원시잠자리는 약 2만 년 전 빙하기까지 아시아에 널리 분포했다. **추위에 적응해 길고 혹독한 빙하기를 살아남을 수 있었던 듯하다.** 하지만 빙하기가 끝나고 따뜻해지자 기후 변화에 적응하지 못하여 많은 지역에서 멸종하고 말았다. 애벌레는 수온이 낮은 시냇물에서만 살 수 있어 현재는 일본 산악 지역에서만 볼 수 있다.

 분류 곤충류 잠자리목 (원시잠자리 아목)

 크기 몸길이 약 5cm

 먹이 수생 곤충이나 작은 곤충

서식지 일본 홋카이도에서 규슈에 이르는 산악 지역

* 원시잠자리 무리의 출현 연대 : 중생대 쥐라기

원시도마뱀이 나타난 것은… 2억 년 이상 전!?*

안 변해도 너무 안 변해 놀라워!!

놀람 레벨 ★★★☆

조용한 섬에 살아 운이 좋았지, 뭐!

몸이 추위에 적응해 체온이 5~10℃로 낮다. 다른 파충류들은 견딜 수 없는 10℃ 이하에서도 활동할 수 있다.

제3의 눈을 가지다! 살아남은 고대 파충류!

움직임이 굼뜨고 성장 속도도 늦다. 수명은 긴 편이어서 100년 이상 산다고 한다.

출현 미터
- 5억 년 전
- 4억 년 전
- 3억 년 전
- 2억 년 전 ← 여기
- 1억 년 전
- 인류 탄생
- 현재

그래서 살아남았어!

원시도마뱀은 **공룡 시대에 번성한 파충류**로, 지금은 뉴질랜드 무인도에서만 살고 있다. 다른 파충류와 비교해 추위에 강하다. 운이 좋게도 **천적의 침입이 적은 외딴섬에서 살아** 지금까지 살아남은 듯하다. 성장하면서 눈꺼풀에 가려지긴 하지만 머리 위에 '두정안'이라는 제3의 눈을 가지고 있는데, 이는 원시 척추동물이 갖고 있던 빛을 감지하는 기관의 흔적 중 하나다.

| 분류 | 파충류 원시도마뱀목 | 크기 | 전체 길이 60cm | 먹이 | 곤충이나 도마뱀 | 서식지 | 뉴질랜드 외딴섬 |

*원시도마뱀 무리의 출현 연대 : 중생대 트라이아스기

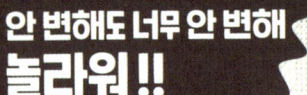

실러캔스가 나타난 것은… 4억 년 전!?*

놀람 레벨 ★★★☆

출현 미터
- 5억 년 전
- 4억 년 전 ← 여기
- 3억 년 전
- 2억 년 전
- 1억 년 전 (인류 탄생)
- 현재

실례지만, 전 아직 멸종하지 않았습니다!

그래서 살아남았어!

오늘날 실러캔스가 사는 심해는 수온이나 수질이 안정적이고 천적의 침입도 적다. 덕분에 지상의 환경 변화나 생존 경쟁의 영향을 덜 받아 현재까지 살아남을 수 있었던 것으로 보인다. 실러캔스는 뼈가 있는 커다란 지느러미를 갖고 있는데, 이는 물고기가 양서류 같은 네발짐승으로 진화하는 중간 단계의 특징이라고 한다.

분류	크기	먹이	서식지
어류 실러캔스목 (육기류)	전체 길이 1.8m	물고기나 오징어	아프리카 남동부 심해

86　*실러캔스 무리의 출현 연대: 고생대 데본기

아주 오래전에는 실러캔스의 화석이 백악기보다 새로운 지층에서는 발견되지 않았다고 해요. 그래서 실러캔스가 백악기 말 운석 충돌에 의해 멸종했다고 여겨지곤 했지요. 하지만 1938년 남아프리카에서 한 <mark>어부가 우연히 잡아 올린 물고기가 실러캔스였다는</mark> 것이 밝혀졌답니다! 전 세계가 '<mark>20세기 고생물학계의 가장 위대한 발견</mark>'이라며 깜짝 놀란 건 말할 필요도 없겠죠?

> 오늘날에도 멀쩡히 살아 있는 것은 심해에서 살던 실러캔스의 자손이다.

멸종했다고 생각했는데 뜻밖의 발견으로 온 세상이 떠들썩!

> 뼈와 관절이 있는 커다란 지느러미가 특징이다. 이 지느러미를 앞뒤로 움직여 걷는 것처럼 물속을 헤엄친다.

멸종하고 말았어
실러캔스의 절친 — 트리케라톱스

서식 연대 중생대 백악기 후기

으, 분하다. 잘 버텼는데! 거대 운석이라는 녀석한테 당하고 말다니.

실러캔스 무리가 전 세계 바다나 강에서 번성했던 **중생대는 땅 위에서 공룡이 대번성하던 시대**였다. 하지만 중생대(백악기) 말기 운석이 떨어져 대혼란이 발생했으며 어류로 진화한 공룡을 제외하고 공룡이 모두 멸종하고 말았다. **트리케라톱스는 공룡 시대 최후까지 드물게 살아남았던 초식 공룡의 하나**다.

안 변해도 너무 안 변해 놀라워!!

놀람 레벨 ★★★☆

소철과 은행나무가 나타난 것은… 2억 년 이상 전!?*

옛날에는 초식 공룡들이 즐겨 먹었다더군.

공룡 시대에 번성했던 은행나무의 절친!

줄기는 울퉁불퉁하며 잎은 딱딱하고 단단하다. 해안을 따라 바위가 많은 곳에 자란다.

출현 미터
- 5억 년 전
- 4억 년 전
- 3억 년 전
- 2억 년 전 ← 여기
- 1억 년 전
- 인류 탄생
- 현재

그래서 살아남았어!

소철 무리는 고생대 말기부터 중생대에 걸쳐 전 세계에서 번성했다. 오늘날 흔히 볼 수 있는 소철 뿌리에는 세균인 '시아노박테리아' ▶관련: 96쪽으로 가 자라고 있다. 소철은 이 **세균이 만드는 양분을 풍부하게 섭취할 수 있어서** 그 덕분에 다른 식물은 자라지 않을 것 같은 척박한 땅에서도 자손을 늘릴 수 있다. 오늘날까지 살아남은 비결이라 할 수 있다.

 분류: 소철류 소철목 (겉씨식물)

 크기: 높이 2~4m

먹이: 빛과 물, 이산화탄소(광합성)

 서식지: 중국 대륙 남부, 일본 미야자키현부터 규슈 남부·오키나와, 대만

*소철과 은행나무 무리의 출현 연대: 고생대 후기~중생대 초기

지상 식물의 역사는 바다에서 생겨난 '녹조류'**가 약 4억 5000만 년 전에 육지로 진출해 '선태식물'**로 진화한 것이 시초입니다. 이후 더 복잡한 구조를 가진 '양치식물'**이 생겨나고, 꽃과 씨앗을 만드는 '종자식물'**이 진화했지요. 소철과 은행나무는 이끼나 고사리 같은 원시적인 식물이 갖는 특징이 남아 있다고 해요.

야생 은행나무는 멸종 직전!

옛날에는 은행나무 친척이 17종이나 되었지만 살아남은 건 단 한 종뿐이다.

공룡 배 속에서 은행 화석이 발견되었다며?^^

그래서 살아남았어!

은행나무 무리는 공룡이 번성한 중생대에 세계 곳곳으로 친척을 늘려 갔다. 하지만 기후 변화나 속씨식물과의 생존 경쟁에 밀려 오늘날 볼 수 있는 종을 제외하고 빙하기에 모두 멸종하고 말았다. 유일하게 중국 남부 아열대 산지에 단 한 종만이 살아남았다. 살아남은 은행나무의 씨앗이 사람의 손에 의해 전 세계로 옮겨졌고 이후 가로수 등으로 활용되면서 다시 개체 수를 늘려 갔다. 하지만 야생 은행나무는 현재 멸종 위기 종으로 중국에만 남아 있다.

 분류: 은행나무류 은행나무목(겉씨식물)

 크기: 높이 8~30m

 먹이: 빛과 물, 이산화탄소(광합성)

서식지: 중국 저장성 시텐무산(야생종)

안 변해도 너무 안 변해 놀라워!!

놀람 레벨 ★★☆

오리너구리가 나타난 것은… **1억 년 이상 전!?**

포유류의 기원을 전하는 진귀한 동물!

> 알을 낳지만 새끼를 모유로 키우는 포유류. 젖꼭지는 없고, 모유는 배에 있는 땀샘에서 땀이 나듯 스며 나온다.

> 포유류가 알 낳는 게 그렇게 신기한 일인가요?

> 손에는 물갈퀴가 있고 수영이 특기.

출현 미터
- 5억 년 전
- 4억 년 전
- 3억 년 전
- 2억 년 전
- 여기 ← 1억 년 전
- 인류 탄생
- 현재

그래서 살아남았어!

오리너구리는 알을 낳기 때문에 **가장 원시적인 형태의 포유류**로 불린다. 포유류는 옛날에 **알을 낳는 '단궁류'라는 무리의 생물에서 진화**해 생겨났다. 오리너구리는 그 당시 특징이 지금까지도 남아 있는 진귀한 생물이다. 오리너구리의 서식지에는 캥거루 같은 경쟁자가 많았지만 경쟁 상대가 적은 물가에서 살았기 때문에 오늘날까지 살아남은 듯하다.

 분류 포유류 단공목
 크기 몸길이 40cm
 먹이 수생 곤충이나 갑각류, 물고기
 서식지 오스트레일리아의 하천이나 호수와 늪

*오리너구리 무리의 출현 연대: 중생대 백악기
최근 유전자 연구에서는 약 1억 7000만 년 전 인간과의 공통 조상에서 나누어졌다고 보고 있다.

투구새우가 나타난 것은… 3.5억 년 전!?*

안 변해도 너무 안 변해 놀라워!!

놀람 레벨 ★★☆

위험에 처하면 몇 년 동안 잠들 수 있는 강력한 알!

아무리 혹독한 환경이어도 알 속에서 몇 년 동안 잘 수 있었다.

물벼룩 친척으로 수명은 1~2개월 정도. 암컷은 평생 500~2000개 알을 낳는다.

- 출현 미터
- 5억 년 전
- 4억 년 전
- 여기
- 3억 년 전
- 2억 년 전
- 1억 년 전
- 인류 탄생
- 현재

그래서 살아남았어!

투구새우는 정기적으로 마르는 연못이나 습지처럼 다른 생물이 생존하기 어려운 환경에서 살아간다. 투구새우의 알은 '내구란'**이라고 하여, 한 번 물기가 마르면 다시 물이 닿기 전까지 부화하지 않는다. 알은 열이나 건조, 추위에 강하고, 부화하기까지 몇 년 동안 휴면 상태로 버틸 수 있다. 이처럼 **알이 특별하게 진화하여 특수한 환경에서 자손을 남길 수 있게 되면서** 오늘날까지 살아남을 수 있었던 것으로 보인다.

 분류 : 새각류** 배갑목
 크기 : 몸길이 2~3cm
먹이 : 물풀, 플랑크톤, 동물의 시체
 서식지 : 전 세계 연못과 늪지대

* 현생 종과 아주 비슷한 화석이 발견된 연대: 고생대 석탄기
현생 종이라고 생각되는 화석은 2억 년 이상 전 (중생대 트라이아스기) 지층에서 발견되고 있다.

안 변해도 너무 안 변해 놀라워!!

놀람 레벨 MAX

투구게가 나타난 것은…
4.5억 년 전!?*

많은 사람의 생명을 구하는 파란 피의 소유자!

출현 미터
- 5억 년 전
- 여기 ← 4억 년 전
- 3억 년 전
- 2억 년 전
- 1억 년 전
- 인류 탄생
- 현재

내 파란색 피가 의약품 개발에 사용된다며?

그래서 살아남았어!

투구게 혈액은 세균 감염을 예방하는 **특별한 능력**이 있다. 알은 단단한 막으로 둘러싸여 있고 건조한 날씨에도 강해 새끼를 안전하게 부화시킬 수 있다. 겨울 동안 아무것도 먹지 않고 바다 밑에서 반년 이상 휴면할 수 있다고 한다. 이처럼 **혹독한 환경에 적응할 수 있는 다양한 능력**이 투구게가 지금까지 살아남을 수 있는 이유 중 하나일 것이다.

분류	크기	먹이	서식지
협각류** 검미목	전체 길이 70㎝	갯지렁이, 조개	아시아, 북아메리카 갯벌

*투구게 무리의 출현 연대 : 고생대 오르도비스기
현생종과 거의 다르지 않은 메솔리몰루스 화석은 약 2억 년 전 지층에서 발견되고 있다.

▶ 관련: 154쪽으로

92

투구게는 지금으로부터 5억 년 전쯤 고생대에 번성한 '삼엽충'이라는 생물에서 생겨났습니다. ▶관련: 155쪽으로 삼엽충 친척은 고생대 말에 멸종하고 말았지만 투구게는 현재까지 살아남아 의약품 개발 등을 통해 인류의 생명을 구하는 소중한 존재입니다.

> 파도가 잔잔한 갯벌에서 산다. 바닷속에서는 몸을 뒤집어 배를 위로 향하게 한 채 배영을 하기도 한다.

> 산소에 닿으면 파란색으로 변하는 혈액은 세균 독소에 반응해 독을 없애는 능력이 있다. 이 때문에 의약품 개발에 활용되기도 한다.

멸종하고 말았어
투구게의 절친 — 바다전갈

서식 연대 고생대 오르도비스기~페름기

끔찍한 대멸종에서도 살아남았다니, 갑 오브 더 갑이네!

바다전갈은 투구게와 함께 삼엽충에서 진화한 생물이다. 2억 5000만 년 전쯤 **'페름기 말기 대멸종'**으로 사라졌다. 대규모 화산 폭발과 바닷속 산소가 줄어든 것이 원인이었다고 한다. **이 폭발은 그 당시 지구에 살고 있던 생물 종의 90% 이상을 멸종시킨 대사건이다.**

안 변해도 너무 안 변해 놀라워!!

놀람 레벨 ★★★★ MAX

먹장어가 나타난 것은… 5억 년 전!?*

- 출현 미터
- 5억 년 전 ← 여기
- 4억 년 전
- 3억 년 전
- 2억 년 전
- 1억 년 전
- 인류 탄생
- 현재

머리 아래에 있는 동그란 모양의 입에는 위아래 턱이 없다. 이것은 '무악류'라고 불리며 원시적인 물고기가 가진 특징이다.

끈적끈적한 점액으로 상어도 가뿐하게 격퇴!

스트레스를 받으면 피부 구멍에서 1초 간격으로 1ℓ 정도 되는 점액이 나온다.

지금도 장어구이나 볶음 요리로 인기 높은 이 몸은 살아 있는 화석☆

그래서 살아남았어!

대부분의 먹장어 무리는 **깊은 바다 밑**에서 산다. 바다 밑은 환경 변화가 적기 때문에 살아남는 데 유리하다. **천적에게 공격을 받으면 피부 구멍에서 점액이 나와 몸을 보호하는 특별한 능력**을 가지고 있는데, 이 능력도 먹장어의 생존에 도움이 되었을 것이다. 점액이 천적의 입이나 아가미에 들어가면 호흡이 힘들어지기 때문에 먹장어가 반격의 기미를 보이면 상어도 꼬리를 내리고 도망친다고 한다.

분류	크기	먹이	서식지
먹장어류 먹장어목(무악류)	전체 길이 60cm	물고기의 시체	동아시아 해저

*먹장어 무리의 출현 연대 : 고생대 캄브리아기

개맛이 나타난 것은… **5억 년 전!?** *

▶ 관련: 155쪽으로

안 변해도 너무 안 변해
놀라워!!

놀람 레벨 ★★★☆

맛 좋은 나는 된장국 재료로도 최고.

조개처럼 두 개의 껍데기를 갖고 있다. 하지만 조개와는 다른 '완족동물'**이라는 무리의 생물이다.

껍데기 속에 있는 근육 구조를 통해 화석종**의 변화를 파악할 수 있다고 한다.

알고 보면 내가 공룡의 대선배라는 거!

출현 미터
5억 년 전 — 여기
4억 년 전
3억 년 전
2억 년 전
1억 년 전 — 인류 탄생
현재

그래서 살아남았어!

개맛이 사는 **갯벌**은 밀물과 썰물의 차가 심하고 수온 변화도 매우 심하다. 이러한 특수한 환경에 적응한 생물은 그리 많지 않다. 그뿐만 아니라 **경쟁자나 천적의 침입이 적어 개맛이 살아남는 데 유리했을 것**으로 보인다. 개맛 무리는 고생대에 전 세계에 걸쳐 번성했다. 그중 일본에서 볼 수 있는 초록개맛은 현재 그 양이 현격하게 줄어 준 멸종 위기종으로 정해져 있다.

| 분류 | 완족류·개맛목 (완족동물) | 크기 | 껍데기 길이 4cm | 먹이 | 플랑크톤이나 동물의 사체 | 서식지 | 인도양 모래 갯벌, 일본 혼슈 |

※생물 정보는 초록개맛 자료이다. * 개맛 무리를 포함한 완족동물의 출현 연대 : 고생대 캄브리아기

안 변해도 너무 안 변해 놀라워!!

놀람 레벨 ★★★★ MAX

시아노박테리아가 나타난 것은…
25억년 이상 전!?*

- 5억 년 전
- 10억 년 전
- 15억 년 전
- 4억 년 전
- 3억 년 전
- 2억 년 전
- 1억 년 전

인류 탄생
현재

지금의 지구가 존재하는 건 다 우리 덕분이라니까.

지구에 산소를 가져다준 어머니 같은 존재!

그래서 살아남았어!

시아노박테리아는 빛과 물, 이산화탄소에서 에너지를 만들고 산소를 내뿜는 '광합성'이라는 활동을 아주 초기부터 했던 세균이다. 광합성 재료는 당시 지구에 넘쳐 났으므로 이들의 생존에 문제가 되지 않았다. 그뿐 아니라 사막이나 심해에서도 살 수 있는 강한 생명력을 지녔기 때문에 시아노박테리아는 **25억 년 이상 번성**해 왔다. 오늘날도 바다나 강 같은 물속은 물론이고 동물이나 식물의 몸속 등 **자연에 널리 존재**하고 있다.

분류	크기	먹이	서식지
세균류	지름 0.005mm	빛과 물, 이산화탄소(광합성)	전 세계(해수, 담수, 땅속, 얼음 위 등)

*시아노박테리아의 출현 연대에는 여러 가지 설이 있지만, 대략 25억 년 전 또는 그보다 더 오래전으로 보고 있다.

시아노박테리아는 가장 오래된 생명 중 하나로 여겨지는 세균의 친척입니다. 약 25억 년 전쯤에는 지구에 산소가 거의 없었어요. 대신 탄산 가스가 있어 이를 마시며 살아가는 미생물만이 존재했지요. 그런데 시아노박테리아가 등장해 '광합성'을 시작했고 그 덕분에 많은 양의 산소가 대기 중에 뿜어져 나와 지구 환경이 많이 변할 수 있었답니다. 이를 계기로 산소를 호흡하며 살아가는 생물이 생겨났기 때문이죠. 시간이 흘러 더 복잡한 구조를 가진 생물이 늘어나면서 현재처럼 다양한 생물로 진화해 갔습니다. ▶ 관련: 151쪽으로

20억 년 전 ——— 25억 년 전 ——— 출현 미터

여기

시아노박테리아는 바닷속 바위에 달라붙어 '스트로마톨라이트'라는 암석을 만든다. 스트로마톨라이트 화석은 시생누대 지층에서 많이 발견된다.

오스트레일리아 샤크만에서는 현재도 시아노박테리아가 만드는 새로운 스트로마톨라이트를 볼 수 있다.

지금도 살아있어
시아노박테리아의 절친 메탄균

서식 연대 | 시생누대~현재

우린 35억 년 전부터 살고 있는 지구 토박이라고!!

메탄균은 지금으로부터 약 35억 년 전 뜨거운 물을 내뿜는 심해의 열수 분출공에서 생겨난 것으로 보이는 고세균 친척으로, 가장 오래된 생명의 하나로 여겨진다. 지금도 습지나 물이 차 있는 논, 바닷속 깊은 곳, 소 내장 등 자연에서 산소가 없는 장소에 널리 존재하고 있으며 이산화탄소 등에서 메탄가스를 만들어 낸다. ▶ 관련: 150쪽으로

깜짝 비교! 생물의 놀라운 다양성

같은 사바나에 사는 생물일지라도…

 낮 — 낮의 사바나

사자
해가 떠 있는 동안은 나무 그늘에서 쉰다. 낮에는 별로 사냥하지 않는다.

아프리카물소
풀을 먹거나 진흙 목욕을 하면서 보낸다.

아프리카코끼리
풀을 먹으면서 하루에 30km 거리를 이동한다.

나일악어
강가에서 일광욕을 하여 몸을 따뜻하게 한다.

하마
햇빛으로 인해 피부가 건조해지기 때문에 강에서 나오지 않는다.

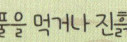

드넓은 초원이 끝없이 펼쳐진 아프리카 사바나에는 다양한 생물이 살아가고 있습니다. **강렬한 햇살이 내리쬐는 낮**에는 그늘이나 물가에서 쉬는 동물도 있고 반면에 왕성하게 활동하는 동물도 있어요. **모든 동물의 행동 방식은 저마다 다 다르답니다.**

현재 지구에는 **870만 종이 넘는 생물이 존재합니다**. 아주 오래전 지구에 생겨난 생명이 다양한 장소에서 저마다 다른 진화를 이루며 다양한 특징을 가진 생물이 된 결과이지요. 같은 지역에 사는 생물일지라도 각각의 개성은 정말 다양하답니다. 생물의 행동이 낮과 밤에 어떻게 다른지 비교해 보면 그 차이를 잘 알 수 있어요!

생활 방식이 완전 다르다!

밤의 사바나 / 밤

아프리카코끼리
거의 선 채로 잔다.
수면 시간은 2시간 정도.

아프리카물소
선 채로 잔다. 잠을 자면서 동시에 적이 다가오지 않는지 경계한다.

하마
땅에 올라와 풀을 뜯는다. 동이 트는 새벽이 되면 강 속으로 돌아간다.

사자
암컷끼리 협력해 사냥한다. 수컷은 자기 영역을 지킨다.

나일악어
물고기나 강가에 사는 동물을 공격해 잡아먹는다. 밤이 더 활동적이다.

밤이 되면 많은 육식 동물이 사냥을 위한 활동을 시작합니다. 뜨거운 낮보다 시원한 밤 시간에 사냥을 하는 것이 더 적은 에너지를 사용하기 때문이에요. 반면 대부분의 초식 동물은 육식 동물에게 공격 당하지 않도록 경계하며 무리 지어 한데 모여 잠을 청하곤 합니다.

\ 모두 '다르기' 때문에 /
함께 살아갈 수 있다!

같은 초식 동물일지라도…
먹는 부분이 다르다!

모두 같은 풀을 먹지만 동물마다 먹는 부분이 미묘하게 다르다. 덕분에 먹이를 두고 서로 싸울 걱정이 전혀 없다.

얼룩말 — 풀의 끝
검은꼬리누 — 풀의 가운데
톰슨가젤 — 풀의 뿌리

같은 육식 동물일지라도…
사냥하는 시간이 다르다!

치타 — 밝은 낮

치타는 낮에 맹렬한 속도로 달려들어 먹잇감을 사냥한다. 사자는 밤에 어둠을 틈타 먹잇감을 사냥한다. 행동하는 시간이 다른 덕에 같은 먹잇감이라도 싸우지 않고 사이좋게 사냥할 수 있다.

같은 사바나에 사는 생물일지라도 생활 방식이 완전히 다른 이유는 무엇일까요? 그 이유는 서로 싸우지 않는 생활 방식을 선택한 진화의 결과 때문입니다. 동물마다 자신에게 맞는 저마다의 장소에서 자고, 다른 것을 먹고, 다른 시간에 활동하면 쓸데없이 싸우는 일이 사라지죠! 모든 생물은 제각기 다 다르기 때문에 같은 세계에서 함께 살아갈 수 있답니다.

같은 조류일지라도…
둥지를 짓는 장소가 다르다!

생물마다 다른 장소에 둥지를 짓기 때문에 안심하고 새끼를 키울 수 있다!

생명의 역사가 끊이지 않고 계속해서 이어져 온 이유는 생물의 '다양성'이 풍요롭게 발전해 온 덕분이에요. 모든 생물이 저마다 개성이 다르기 때문에 어느 시대나 살아남는 생물이 존재할 수 있답니다!

인간처럼 생물의 세계에도 '사회'가 있다!?

우정 — 쥐는 '은혜'를 갚는다!

지난번엔 고마웠어! 별거 아냐!

뭐 이런 걸 다 ♥

쥐는 자신을 도와준 상대를 기억했다가 훗날 '은혜'를 갚는다고 한다. 먹을 것을 나눠 준 친구에게 답례하기도 하고 곤경에 처한 친구가 있으면 도와주기도 하면서 서로 끈끈한 우정을 나눈다. 쥐들도 의리가 있다니 놀랍지 않은가?

연애 — 비단정원사새는 '화려함'으로 유혹한다!

비단정원사새 수컷은 암컷이 좋아하는 '파란 것'을 모아 화려한 정원을 꾸민다. 꽃잎이나 나무 열매, 유리 조각 같은 예쁜 장식으로 정원을 꾸며 암컷을 유혹하는 것이다. 장식이 화려할수록 인기를 끄는 듯하다.

정원이 멋지지? 우리집에 놀러 올래?

생물에게 가장 중요한 것은 자신과 자손이 살아남아 후손을 많이 늘리는 것이에요. 그러기 위해 많은 생물이 무리를 지어 협력하거나 서로의 정을 돈독히 쌓아 갈 수 있는 대화 수단을 진화시켜 왔지요. 이러한 생물의 모습과 행동은 우리 인간과 아주 비슷하답니다. 생물들의 사회가 어떤 모습인지 함께 살펴볼까요!

이것이 사회다!

일 | 늑대는 '팀'으로 사냥한다!

사냥은 팀워크로 백전백승!!

늑대는 '팩'이라는 무리를 짓고 그 안에서 역할을 분담해 사냥한다. 먼저 모든 늑대가 먹잇감을 에워싸듯 달리며 지치게 만든 다음 한 마리가 앞으로 나와 먹잇감을 멈춰 세운다. 그때 마지막으로 대장이 달려 나와 먹잇감의 숨통을 끊으면 사냥 성공! 늑대 사회에서도 팀워크가 '일 잘하는' 조건인 셈이다.

육아 | 솜털머리타마린 수컷은 '육아맨'!

어때? 아빠가 업는 게 더 편하지?

아마존 밀림 속 나무에서 살아가는 솜털머리타마린은 아빠가 새끼를 업어 키운다. 암컷은 반 년에 한 번 새끼를 낳는데 암컷이 출산으로 바쁜 탓에 수컷이 육아를 도와주는 듯하다. 부부가 서로 협력하며 가족의 정을 쌓아 가는 것이다.

제 3 장

깜짝 비교

달라도 너무 달라

가까운 무리일지라도 특징이 극과 극으로 다른 생물

새끼를 모유로 키우는 '포유류', 아가미로 호흡하고 지느러미나 비늘을 가진 '어류' 등 생물은 서로 다른 특징에 따라 몇 개의 무리로 나뉘어요. 그런데 같은 무리의 생물일지라도 특징이 극과 극으로 다르기도 합니다. 그 이유는 생물들이 환경에 적응하면서 적합한 생김새나 능력을 갖게 되었기 때문이에요. 그뿐만 아니라 저마다 다르게 생활하도록 진화하기도 했답니다. 생물의 생김새나 생활 방식은 진화를 거듭하면서 점점 더 '다양화'해요. 그럼 얼마나 극과 극으로 다른지 비교해 볼까요?

이 장을 재미있게 읽는 방법

같은 무리일지라도 '특징'이 극과 극으로 다른 생물을 펼친 페이지로 비교해 보세요! 어떤 차이가 있는지, 어떻게 다른지, 서로 다른 특징을 갖게 된 이유나 진화의 비밀을 함께 생각해 봅시다!

'특징'의 차이를 비교해 보자!

놀라워!!

같은 조류인데, 색이 왜 이렇게 다를까?

달라도 너무 달라 놀라워!!
놀람 레벨 ★☆☆

같은 포유류일지라도

길다 — 코알라

하루에 **20시간**이나 잔다고!?

코알라의 맹장은 아주 길며 유칼립투스 잎의 소화를 돕는 박테리아가 살고 있다. 코알라의 간도 아주 튼튼해서 유칼립투스 잎에 있는 독을 분해하는 능력도 가지고 있다.

계속 잠만 자는 이유는 에너지를 절약하기 위해서라코알라~

- 자고 있다
- 깨어 있다

코알라는 왜 그렇게 잠만 자?

코알라가 먹는 유칼립투스 잎은 섬유질이 많아 소화가 어렵다. 게다가 영양가도 매우 적다! **이러한 유칼립투스로 식사를 하고 난 뒤에는 소화하는 데에도 몇 시간이나 필요하고 얻을 수 있는 에너지도 적기 때문에** 코알라는 온종일 잠만 자며 보낸다. 한 가지 놀라운 점은 유칼립투스 잎이 독을 포함하고 있다는 것이다. 코알라는 다른 생물은 먹을 수 없는 독 있는 잎도 먹을 수 있게 진화하였다. 독을 먹을 수 있다니, 정말 놀랍지 않은가?

 분류: 포유류 유대목 (쌍전치목)
 크기: 몸길이 75cm
먹이: 유칼립투스 잎
 서식지: 오스트레일리아 동부 숲

자는 '시간'이 달라도 너무 달라!

북부기린 — **짧다**

하루에 2시간밖에 안 잔다고!?

- 자고 있다
- 깨어 있다

자는 동안 사자에게 잡아먹히면 어쩌려고?

오랜 시간 잠을 자지 않고 깨어나 있으면 '자고 싶어지는 물질'이 뇌에 쌓인다. 그런데 놀랍게도 기린이나 코끼리, 말은 이 물질이 잘 쌓이지 않는 몸이라고 한다.

기린은 왜 그렇게 잠을 안 자?

동물의 수면 시간은 생활 방식이 어떠한지, 보금자리가 얼마나 안전한지에 따라 결정된다고 한다. 야생 기린은 하루에 1~2시간밖에 자지 않고 **쉬는 동안에도 주위에 대한 경계심을 늦추지 않는다**. 거의 선 채로 자기 때문에 어떤 위험이 닥쳐도 즉시 도망칠 수 있다. 어른 기린이 땅에 앉아 머리를 숙이고 자는 것은 고작 20분밖에 되지 않는다고 한다.

분류 포유류 우제목 **크기** 몸길이 4m **먹이** 아카시아 등의 나뭇잎 **서식지** 사하라 사막 이남의 사바나

달라도 너무 달라 놀라워!!

놀람 레벨 ★★★ MAX

같은 조류일지라도

길다
극제비갈매기

지구를 왕복!

세계에서 가장 긴 거리를 이동하는 철새다. 평생 나는 총 거리가 240만 km나 된다고 한다. 이 거리는 지구에서 달까지 세 번 왕복할 수 있는 거리와 맞먹는다.

1년에 지구를 두 바퀴*나 돈다고!?

1년에 8만 km나 날지. 하루로 치면 222km야.

극제비갈매기는 왜 그렇게 멀리 날아?

'여름'을 찾아 북극과 남극을 매년 왕복하기 때문이다. 지구의 계절은 북반구와 남반구가 반대다. 극제비갈매기는 북극의 여름이 끝나면 남극으로 이동해 다시 여름을 보낸다. 극제비갈매기가 이렇게 먼 거리를 이동하는 이유는 다른 생물과의 경쟁을 피해 새끼를 안전하게 낳아 기르고 먹이를 충분하게 확보하기 위한 것으로 보인다.

 분류 조류 도요목
 크기 몸길이 36cm
먹이 작은 물고기, 작은 새우나 게
 서식지 여름의 북극과 여름의 남극

* 지구를 일주하는 거리는 약 4만 km. 극제비갈매기는 직선으로 날지 않고 자유롭게 날기 때문에 1년에 8만 km 가까이 이동하는 것으로 밝혀졌다.

나는 '거리'가 달라도 너무 달라!

거의 날지 않는다!

오키나와뜸부기   짧다

난 섬에서 한 발짝도 나간 적 없는데?

2m 밖에 날지 않는다고!?

일본 오키나와 얀바루 지역에 사는 거의 날지 않는 새. 최근에는 몽구스나 들고양이가 늘어 멸종 위기에 처해 있다.

오키나와뜸부기는 왜 그렇게 안 날아?

오키나와뜸부기가 사는 섬에는 천적이 없어서 굳이 하늘을 날아 멀리멀리 도망갈 필요가 없었다. 하늘을 날려면 아주 많은 에너지가 필요하기 때문에 **안전한 장소에서는 날지 않는 것이 생존에 더 효율적이다.** 밤이면 나뭇가지 위에서 자는 오키나와뜸부기가 날 때는 오직 수면을 위해 나뭇가지 위로 이동할 때뿐이다. 그 나무의 높이는 겨우 2m, 거리도 기껏해야 10m밖에 안 된다.

분류	크기	먹이	서식지
조류 두루미목	전체 길이 30cm	벌레나 개구리, 나무 열매	일본 오키나와 북부

달라도 너무 달라 놀라워!!

놀람 레벨 ★★★ MAX

같은 어류일지라도

빠르다

돛새치

> 세계에서 가장 빨리 헤엄치는 물고기. 고속으로 헤엄칠 때는 등지느러미를 접어 물의 저항을 최소화한다. 쫙 펼친 등지느러미는 적을 위협할 때 효과적이다.

25m 수영장? 1초면 충분하지!

최고 시속 110km!?
고속도로를 달리는 차보다 빠르다.

돛새치는 왜 그렇게 빨리 헤엄쳐?

경쟁자와 경쟁하면서 먹잇감을 쟁취하기 위해 조금이라도 빨리 헤엄치던 개체가 살아남았기 때문이다. 가늘고 긴 유선형 몸통은 물살을 가르며 쏜살같이 헤엄치는 데 적합하다. 뾰족한 입은 작은 물고기 떼 사이를 뚫고 들어가 훼방 놓은 뒤 짧은 시간 안에 먹잇감의 숨통을 끊는 데 최적의 아이템이다. 접었다 폈다 할 수 있는 등지느러미는 급정지나 방향 전환에 꽤 요긴하게 쓰이는 도구다.

| 분류 | 어류 농어목 | 크기 | 전체 길이 3.3m | 먹이 | 물고기나 오징어 | 서식지 | 일본 남부, 먼바다의 표층 |

헤엄치는 '속도'가 달라도 너무 달라!

그린란드상어 — 느리다

세계에서 가장 오래 사는 척추동물이다. 수명이 무려 400년! 현재는 개체 수가 급격히 줄어 멸종 위기에 처해 있다.

헤엄치는 건 좀 느리지만 오래 사는 건 내가 최고야!

평균 시속 1km!?
엉금엉금 걷는 아기보다 느리다.

그린란드상어는 왜 그렇게 느리게 헤엄쳐?

그린란드상어가 사는 곳은 수온이 0℃ 정도 되는 차갑고 깊은 바닷속이다. **그곳에는 천적이나 먹잇감이 적어 쫓기지 않고 느긋하게 살 수 있었으며, 결과적으로 살아남는 데에도 그편이 유리했다.** 생물은 체온이 내려가면 호흡이나 움직임이 느려지는데 차가운 바다에 사는 그린란드상어는 헤엄치는 속도뿐만 아니라 성장 속도 역시 느리다. 어른 그린란드상어가 되기까지 무려 150년이나 걸린다고 한다!

분류	크기	먹이	서식지
어류 돔발상어목	전체 길이 5m	물고기나 바다표범	북극해를 포함한 북대서양

달라도 너무 달라 놀라워!!
놀람 레벨 ★★☆

같은 포유류일지라도

많다 — 꼬마뒤쥐

하루분

낮에도 먹고, 밤에도 먹고, 먹고 먹고 또 먹고!

머리부터 꼬리까지 크기가 겨우 2cm. 몸무게는 10원짜리 동전 두 개(2g)!

아직 멀었어. 더 먹어야 해.

하루 48회, 30분마다 먹는다고!?

꼬마뒤쥐는 왜 그렇게 자주 먹어?

포유류는 몸집이 작은 만큼 몸 표면의 열이 날아가기 쉬워 많이 먹어야 한다. 세계에서 가장 작은 포유류 중 하나인 꼬마뒤쥐는 **체온이 내려가지 않도록 끊임없이 음식을 섭취해야 하고, 그 음식을 통해 에너지를 얻어야 한다.** 그 결과 30분마다 먹고 쉬기를 반복하게 된 것! 꼬마뒤쥐는 겨우 3시간만 안 먹어도 죽음에 이르고 만다.

| 분류 | 포유류 진무맹장목 | 크기 | 전체 길이 5.3cm (꼬리 길이 포함) | 먹이 | 지렁이나 벌레 | 서식지 | 유라시아 북부, 일본 홋카이도 초원 |

 일본 홋카이도에 서식하는 개체는 꼬마뒤쥐의 아종(도쿄땃쥐)으로, 멸종 위기종이기도 하다.

식사 '횟수'가 달라도 너무 달라!

세발가락나무늘보 — 적다

몸의 털에 붙어사는 나방 덕분에 몸에 이끼가 자란다. 이 이끼는 적으로부터 몸을 숨기는 데 안성맞춤일 뿐만 아니라, 영양 만점 간식이기도 하다.

게으른 게 아니야… 그렇게 말하면… 서운해.

내 나름의 생존 전략…이라고…

하루분

하루에 한 번, 나뭇잎만 먹는다고!?

세발가락나무늘보는 왜 그렇게 안 먹어?

에너지를 거의 사용하지 않는 에너지 절약 모드로 살기 때문이다. 하루에 먹는 건 딸랑 나뭇잎 세 장. 먹은 잎은 배 속에 있는 박테리아의 도움을 받아 아주 천천히 소화되며 **전부 소화하는 데 무려 50일이나 걸린다!** 세발가락나무늘보는 늘 나무 위에서 생활하고 나무에서 내려오는 것은 겨우 일주일에 한 번뿐이다. 그것도 똥을 쌀 때뿐이라나 뭐라나.

 분류 포유류 유모목

 크기 몸길이 60cm

먹이 나뭇잎

 서식지 중앙아메리카와 남아메리카 숲

달라도 너무 달라 놀라워!!

놀람 레벨 ★★☆

같은 조류일지라도

크다 — 타조

축구공 크기라고!?
약 20㎝, 1.2kg!

최고 시속 70km로 육식 동물보다 긴 거리를 달릴 수 있다. 발차기 능력도 뛰어나 하이에나를 발로 차 쓰러뜨리기도 한다.

내 알 한 개의 무게가 달걀 20개 무게라고!

타조는 왜 그렇게 알이 커?

아주 옛날 타조의 조상은 지금의 타조보다 몸집이 작았고 하늘을 날 수 있었다. 그러다 **경쟁 상대였던 공룡이 멸종하자 점차 몸집이 크게 진화해 갔다.** 몸집이 커지자 빨리 달릴 수 있게 되었고 육식 동물의 공격도 덜 받게 되었다. 타조의 알이 큰 이유는 타조의 커다란 몸 크기 때문이다. 암컷은 한 번에 6~8개 알을 낳는다.

분류	크기	먹이	서식지
조류 타조목 (주조류**)	머리까지의 높이 2.4m	식물이나 곤충	아프리카 사바나

알 '크기'가 달라도 너무 달라!

콩알보다 작다고!?
약 6.5㎜, 0.3g!

꿀벌벌새 **작다**

내 몸무게는 10원짜리 두 개.
알은 10원짜리 한 개보다 가볍다니까!

1초에 50회 이상 날개를 파닥거린다. 헬리콥터처럼 공중에 멈춘 상태에서 상하좌우, 앞뒤로 날 수 있다.

꿀벌벌새는 왜 그렇게 알이 작아?

벌새 무리는 약 350종 정도이며 저마다 다른 꽃의 꿀을 빨아 먹으며 살아간다. 그중에서 꿀벌벌새는 **매우 작은 꽃의 꿀을 먹기 때문에 몸도 작게 특화되었고 알도 작게 진화했다.** 꽃은 벌새가 옮겨다 주는 꽃가루를 받아 씨를 만든다. 벌새와 꽃은 서로 영향을 주고받으며 진화해 왔고 이러한 진화를 '**공진화**'라고 한다.

| 분류 | 조류 칼새목 | 크기 | 전체 길이 5㎝ | 먹이 | 꽃의 꿀 | 서식지 | 쿠바 숲 |

달라도 너무 달라 놀라워!!

놀람 레벨 ★★★ MAX

같은 파충류일지라도

길다 갈라파고스땅거북

몸에 수분을 저장할 수 있어 마시거나 먹지 않고도 1년 정도 살 수 있다.

년
100
90
80
70
60
50
40
30
20
10
0

평균 수명이 **100년이 넘는다고!?**

장수의 비결은 작은 일에 일희일비하지 않고 그러려니 하는 것!

갈라파고스땅거북은 왜 그렇게 수명이 길어?

거북 무리는 원래 **노화 속도가 느리고 수명이 길다**. 그중에서도 갈라파고스땅거북은 **천적이 적고 먹이를 구하기 쉬운 섬에서 살기 때문에** 수명이 더욱더 길어졌다. 갈라파고스땅거북이 사는 갈라파고스섬은 해저 화산이 분화해서 생긴 외딴섬이다. 그래서 우연히 바다를 건너온 생물들만 살기 때문에 천적이나 경쟁자가 적다.

| 분류 | 파충류 거북목 | 크기 | 등딱지 크기 1.3m | 먹이 | 선인장 같은 식물 | 서식지 | 남아메리카 갈라파고스섬 |

'수명'이 달라도 너무 달라!

라보르드카멜레온 **짧다**

5개월이라는 수명은 네발 짐승 중에서 가장 짧다. 한 해의 건기와 우기에 맞춰 1년마다 세대교체를 반복해 왔기 때문이다.

사랑하는 나의 아들아, 너에게 나의 영혼을 맡기마!

평균 수명이 **고작 5개월이라고!?**

년
- 100
- 90
- 80
- 70
- 60
- 50
- 40
- 30
- 20
- 10
- 0

라보르드카멜레온은 왜 그렇게 수명이 짧아?

기후에 맞춰 빠르게 성장하도록 진화했기 때문이다. 라보르드카멜레온이 사는 지역은 비가 많이 내리는 '우기'와 내리지 않는 '건기'가 약 반년마다 되풀이된다. 건기 7개월 동안은 먹이가 되는 곤충이 적어 살아남기 쉽지 않다. 그래서 라보르드카멜레온은 **우기가 지속되는 5개월 동안 태어나자마자 빠르게 성장해 알을 낳고 다음 세대로 생명을 넘긴 뒤 생을 마감한다.**

분류	크기	먹이	서식지
파충류 유린목	전체 길이 20~30cm	곤충	마다가스카르 남서부

달라도 너무 달라 놀라워!!

놀람 레벨 ★★☆

같은 어류일지라도

많다

대구

한 번에 500만 개나 알을 낳는다고!?

명란젓이 내 알이 아니라 명태 알이었단 말이야?

알은 끈적끈적한 상태이며 알 하나 크기는 1.3mm 정도다. 알은 바다 밑에 가라앉아 모래에 달라붙은 뒤 부화하기를 기다린다.

대구는 왜 그렇게 알을 많이 낳아?

모든 생물은 더 많은 자손을 남기고자 한다. 특히 넓디넓은 바다에 사는 물고기들은 몸 크기나 영양 조건이 허락하는 만큼 될 수 있는 한 많은 양의 알을 낳는다. **대구나 참치, 개복치처럼 대양에 사는 물고기는 굉장히 많은 양의 알을 낳는데** 그중 대구는 한 번에 수십만 개에서 수백만 개 알을 낳는다. 암컷의 크기가 80cm가 넘을 경우에는 500만 개 정도 알을 낳을 수 있다고 한다.

 분류 어류 대구목
 크기 전체 길이 1m
 먹이 새우나 게, 작은 물고기, 조개
 서식지 동해나 북태평양 등

새끼 '수'가 달라도 너무 달라!

한 번에 5마리밖에 낳지 않는다고!?

주름상어 **적다**

난 육아에 올인하느라 바빠요.

> 주름상어의 임신 기간은 약 3년 반. 이는 모든 생물을 통틀어 가장 긴 임신 기간이다. 인간보다 무려 4배나 더 길다.

주름상어는 왜 그렇게 알을 적게 낳아?

어미가 배 속에서 알을 부화시키기 때문이다. 게다가 치어가 40㎝ 정도 자랄 때까지 배 속에서 새끼를 키우는데 이러한 방식을 **난태생**이라고 한다. 한 번에 낳을 수 있는 새끼 수는 적지만 그 대신 **새끼를 배 속에서 어느 정도 키운 뒤 낳는다**. 이러한 생존 방식은 천적으로부터 새끼를 보호하거나 먹이를 잡기가 수월하기 때문이며 덕분에 살아남을 수 있는 확률이 높다.

 분류 어류 신락상어목　 **크기** 전체 길이 2m　 **먹이** 오징어나 물고기　**서식지** 세계 곳곳의 심해

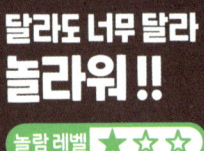

달라도 너무 달라
놀라워!!

놀람 레벨 ★☆☆

같은 포유류일지라도

크다   하마

입을 쩍 벌리면 1m나 된다고!?

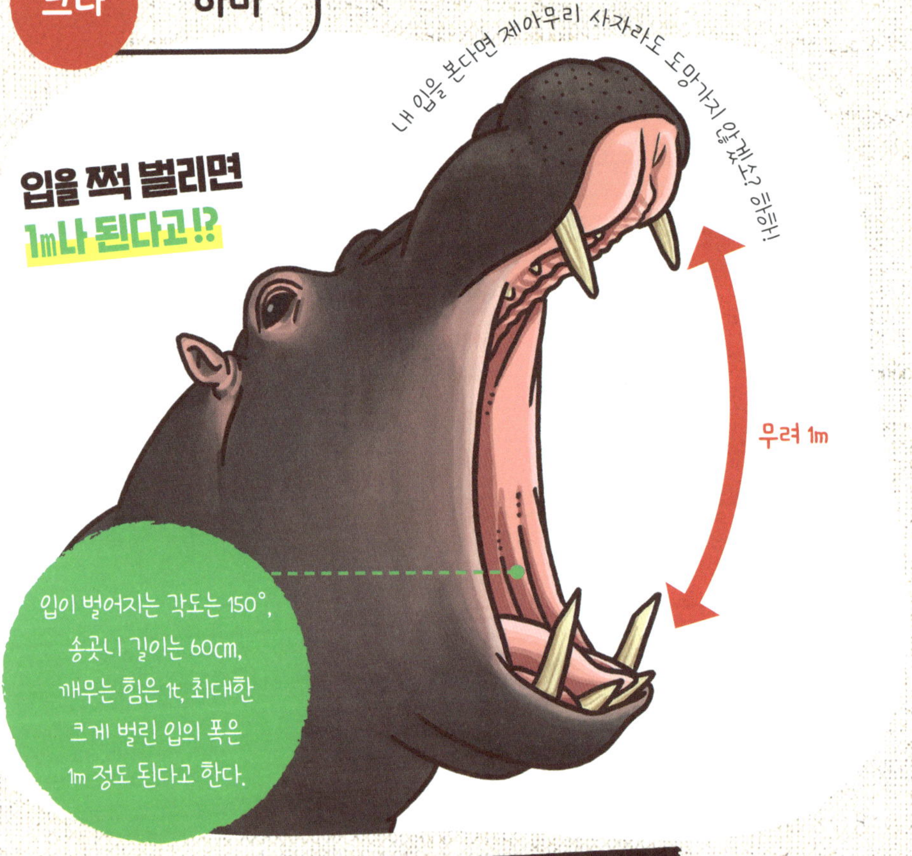

내 입을 본다면 제아무리 사자라도 도망가지 않겠소? 하하!

우려 1m

입이 벌어지는 각도는 150°, 송곳니 길이는 60㎝, 깨무는 힘은 1t, 최대한 크게 벌린 입의 폭은 1m 정도 된다고 한다.

하마는 왜 그렇게 입이 커?

큼지막한 입은 적과 싸우거나 위협할 때는 물론이고 자신과 무리를 지키는 데에도 아주 유리하다. 하마는 자기 영역을 지켜야 한다는 생각이 강하기 때문에 적이나 다른 하마가 다가오면 입을 벌리고 위협하며 상대가 물러서지 않으면 날카로운 송곳니로 물어뜯으며 싸운다. 하마의 아래턱 송곳니는 매우 길고 악어의 배를 찢어 놓을 만큼 깨무는 힘도 막강하다. 하마의 큼지막한 입은 **목숨을 지키는 무기**인 셈이다.

| 분류 | 포유류 우제목 | 크기 | 몸길이 4m | 먹이 | 풀이나 나뭇잎 | 서식지 | 아프리카 강이나 늪 |

입 '크기'가 달라도 너무 달라!

큰개미핥기   작다

입을 쩍 벌려도 고작 2㎝밖에 안 된다고!?

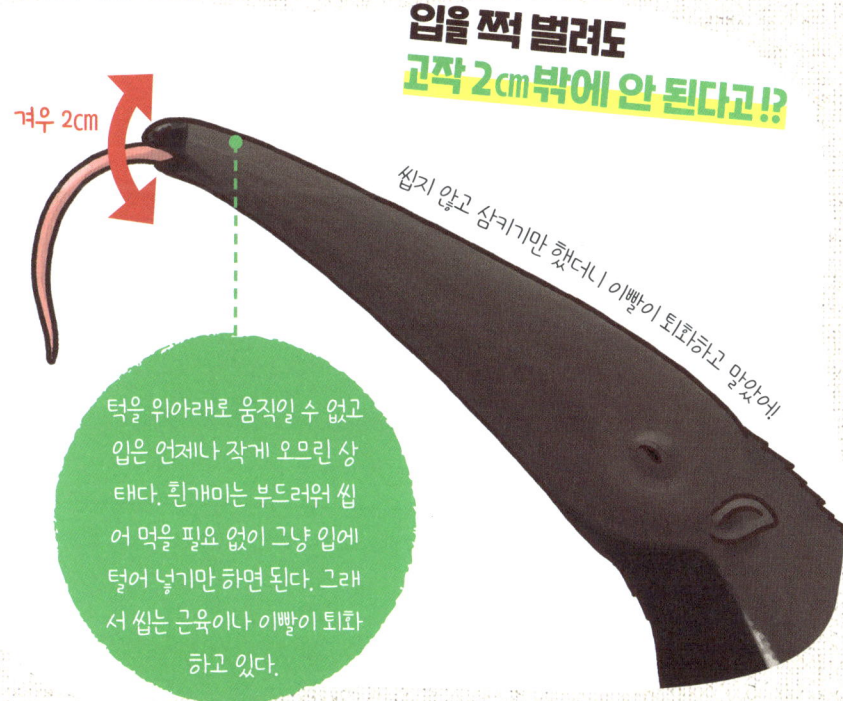

겨우 2㎝

씹지 않고 삼키기만 했더니 이빨이 퇴화하고 말았어!

턱을 위아래로 움직일 수 없고 입은 언제나 작게 오므린 상태다. 흰개미는 부드러워 씹어 먹을 필요 없이 그냥 입에 털어 넣기만 하면 된다. 그래서 씹는 근육이나 이빨이 퇴화하고 있다.

큰개미핥기는 왜 그렇게 입이 작아?

흰개미를 많이 먹을 수 있는 가장 적합한 입 형태로 진화했기 때문이다. 큰개미핥기는 날카로운 발톱으로 흰개미 집에 구멍을 내고 그 구멍에 기다란 입을 집어넣은 뒤 혀를 쭉 뻗어 흰개미를 핥아 먹는다. 60㎝나 되는 **긴 혀를 1분에 160회나 날름거릴 수 있는데 덕분에 흰개미를 하루에 3만 마리나 잡아먹는다고 한다.** 꼬챙이처럼 가늘고 긴 입은 집 안에 있는 흰개미를 잡아먹을 때 안성맞춤이다.

분류	크기	먹이	서식지
포유류 유모목	몸길이 1.1m	개미나 흰개미	라틴 아메리카 초원이나 습지

달라도 너무 달라 놀라워!!

놀람 레벨 ★☆☆

같은 사슴일지라도

크다 말코손바닥사슴

무려 2m

좌우를 모두 합치면 무려 **2m나 된다고!?**

암컷과 결혼하는 데 도움이 되는 수컷의 뿔은 매년 새로 자란다. 봄이 되면 자라나기 시작하고 번식기가 끝나는 겨울이 되면 뚝 떨어진다.

뿔이 클수록 인기 있는 거 아님?

말코손바닥사슴은 왜 그렇게 뿔이 커?

뿔은 수컷에게만 달려 있는데 **수컷 말코손바닥사슴이 뿔 크기로 서로의 강인함을 경쟁하기 때문이다.** 뿔이 클수록 암컷에게 인기가 있고 더 많은 자손을 남길 수 있어서 뿔이 크게 진화했다. **수컷은 암컷을 둘러싸고 뿔 크기를 자랑하며 승부를 가른다.** 뿔 자랑만으로 승부가 나지 않으면 직접 뿔을 부딪치며 싸우기도 한다.

분류	포유류 우제목	크기	몸길이 2.5~3m	먹이	나뭇잎이나 나뭇가지, 물풀	서식지	아시아, 유럽, 북아메리카

뿔 '크기'가 달라도 너무 달라!

솔기머리사슴 **작다**

모두 합쳐 봐야 겨우
2㎝라고!?

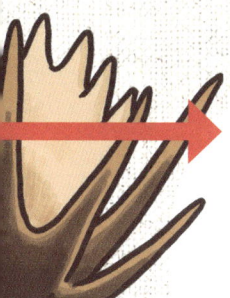

겨우 2㎝

앞머리처럼 보이는 긴 머리털이 자라는 것은 수컷뿐이다.

첫. 거추장스러운 뿔이 뭐 대수라고. 수컷 하면 송곳니지.

솔기머리사슴은 왜 그렇게 뿔이 작아?

수컷이 뿔이 아니라 송곳니로 강인함을 경쟁하기 때문이다. 솔기머리사슴은 원시적인 특징을 가진 사슴 **무리**로 사슴의 조상은 수컷끼리 송곳니로 싸우며 승패를 정한 듯하다. 하지만 초식 동물에게 송곳니는 불필요하다. 어쩌면 그 때문에 다른 사슴들은 번식기에만 뿔이 자라도록 진화한 것인지도 모른다. 솔기머리사슴은 **조상의 특징을 고스란히 가지고 있는** 셈이다.

분류	크기	먹이	서식지
포유류 우제목	몸길이 110~160㎝	나뭇잎	동아시아 남부

달라도 너무 달라 놀라워!!
놀람 레벨 ★★★ MAX

같은 조개일지라도

딱딱하다

비늘발고둥

철분이 적은 열수 지역에 사는 비늘발고둥은 철갑옷과 철비늘이 검은색이 아니라 흰색이다. 사는 장소의 바닷물 성분에 따라 몸의 특징이 변한 것이다.

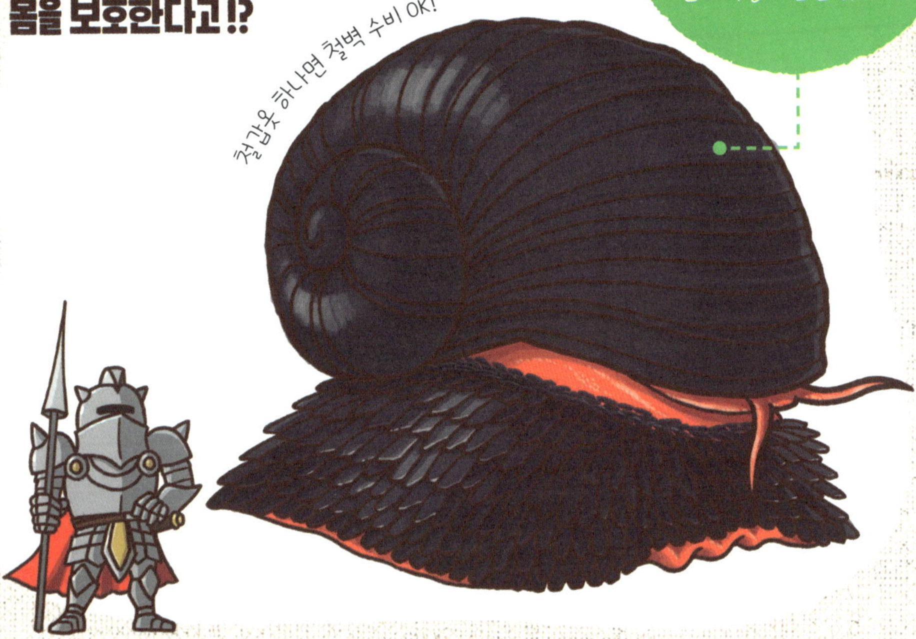

철갑옷과 철비늘로 몸을 보호한다고!?

철갑옷 하나면 철벽 수비 OK!

비늘발고둥은 왜 그렇게 껍데기가 딱딱해?

껍데기나 몸 비늘을 금속 재질로 감싸는 특수한 능력이 진화했기 때문이다. 비늘발고둥은 심해 밑 뜨거운 물이 솟아나는 구멍인 열수 분출공에 사는데 몸속에 기생하는 미생물이 만들어 내는 유황 성분이 뜨거운 물에 포함된 철분과 반응하여 몸 표면에 검은 '유황철'로 된 비늘이 생겼다. 철 성분으로 된 껍데기와 비늘은 아주 튼튼해서 **몸을 보호하는 데 제격이다!**

분류	크기	먹이	서식지
복족류 네옴팔루스목	껍데기 높이 3~4cm	몸속 미생물이 만드는 양분	인도양 중앙의 열수 분출 지역

'방어력'이 달라도 너무 달라!

몸에 남아 있는 흔적으로 보아 군소의 조상은 껍데기를 갖고 있었던 것으로 보인다. 껍데기가 퇴화한 고둥 친척으로는 해우**, 클리오네**, 민달팽이 등이 있다.

군소 — 말랑하다

껍데기 없이도 몸을 보호할 수 있어!

껍데기가 없는 알몸이라고!?

군소는 왜 껍데기가 없어?

적을 쫓아내는 액체를 내뿜는 특수한 능력이 진화했기 때문이다. 군소는 적에게 잡아먹힐 것 같으면 몸에서 보라색 액체를 내뿜으며 적을 쫓아낸다. 군소는 고둥 친척이긴 하지만 껍데기가 작게 퇴화해 몸속에 그 흔적만이 남아 있다. 껍데기를 짊어지고 사는 것은 몸에 부담이 크기 때문에 다른 방법으로 몸을 지키는 방식을 선택해 진화한 것으로 보인다.

분류	크기	먹이	서식지
복족류 군소목	전체 길이 10~20㎝ (큰 것은 40㎝)	파래 등의 해조류	한국, 대만, 일본

달라도 너무 달라 놀라워!!

놀람 레벨 ★★☆

같은 설치류일지라도

크다 프레리도그

> 프레리도그의 땅굴 입구는 전망대처럼 되어 있어 적이 다가오면 주위를 지키던 프레리도그가 울음소리로 가족에게 위험을 알린다. 가족들이 머무는 곳마다 땅굴로 연결되어 '타운'이라 부르는 거대한 마을을 이룬다.

이 정도 크기는 돼야 발이라도 뻗고 살지.

길이가 30m 나 되는 럭셔리 아파트라고!?

프레리도그는 왜 그렇게 집이 커?

해마다 가족이 늘어나고 저마다 땅굴을 넓게 파 자기 방을 만들기 때문이다. 프레리도그는 수컷 한 마리를 중심으로 3~5마리 어른 암컷과 그 새끼들로 이루어진 '**코터리**'라는 가족 집단을 만든다. 지하에 퍼져 있는 땅굴은 길이 30m 정도 되는 미로로 이루어져 있으며 이 땅굴은 침실, 아기방, 화장실 등을 포함하고 있다.

| 분류 | 포유류 쥐목 (설치류) | 크기 | 몸길이 30cm | 먹이 | 풀이나 뿌리, 씨앗 | 서식지 | 북아메리카 중앙의 평원이나 고원 |

※ 생물 정보는 검은꼬리프레리도그 자료다.

집 '크기'가 달라도 너무 달라!

멧밭쥐   작다

땅 위에서 1m 정도 높이에 억새 같은 풀로 엮은 둥지를 짓고 그곳에서 새끼를 키운다. 이 집은 바람이 잘 통하고 뱀 같은 천적이 침입하기도 어렵다. 새끼를 키우지 않는 겨울에는 땅속에 굴을 파고 지낸다.

고작 **10㎝** 원룸이라고!?

우린 크기가 아담하니까 원룸이면 충분해!

멧밭쥐는 왜 그렇게 집이 작아?

계절마다 가족끼리 사용하는 둥지가 따로 있기 때문이다. 멧밭쥐는 하천 주변 땅이나 농경지 근처 풀밭에서 산다. 주로 새끼를 키우는 봄부터 가을 동안 참억새나 물억새, 갈대를 줄기에 엮어 동그랗게 둥지를 만든 뒤 그 안에서 새끼를 키운다. 자기 가족만 사용하기 때문에 **작은 둥지가 불편하지 않고 크기가 작을수록 눈에 띄지도 않기에 적의 공격을 피하는 데 유리하다.**

분류	크기	먹이	서식지
포유류 쥐목 (설치류)	몸길이 5~8㎝	씨앗, 곡물, 열매, 곤충	유라시아, 일본의 초원이나 습지

달라도 너무 달라 놀라워!!
놀람 레벨 ★★★★ MAX

같은 어류일지라도 사는

깊다
심해꼼치

초심해

수심 8000m 초심해에서 산다고!?

초심해에서는 우리가 에이스지~

딱딱한 뼈를 가진 경골어류 친척이지만 그 뼈의 대부분이 물렁물렁한 연골로 되어 있다. 800기압 가까운 심해 환경에 적응하며 조용히 살아간다.

심해꼼치는 왜 그렇게 깊은 바다에서 살아?

대양처럼 살기 쉬운 바다에는 참치 같은 대형 육식 어류가 많이 살고 있어서 이러한 환경에서 쫓겨난 물고기는 생존하기 힘든 갯벌이나 심해로 밀려날 수밖에 없다. **심해꼼치는 어둡고 차가우며 먹이가 거의 없는 초심해 환경에 적응할 수 있었기** 때문에 겨우겨우 살아남을 수 있었다. 살기 척박한 환경이라 적이나 경쟁자가 적다.

| 분류 | 어류 쏨뱅이목 | 크기 | 전체 길이 24cm | 먹이 | 옆새우 | 서식지 | 태평양 북서부의 마리아나 해구나 일본 해구 등 |

바다의 '깊이'가 달라도 너무 달라!

얕다

짱뚱어

갯벌

수심 0m
갯벌에서 산다고!?

우리는 가슴지느러미를 움직여 땅 위를 걸을 수 있뚱.

몸이 마르면 피부로 호흡할 수 없기 때문에 가끔 데굴데굴 구르며 몸에 물을 적신다.

짱뚱어는 왜 물속에서 살지 않아?

짱뚱어가 사는 갯벌은 수온이나 염분 농도 등 환경 변화가 심한 곳이다. 그뿐만 아니라 새 같은 천적이 하늘에서 짱뚱어를 호시탐탐 노리고 있다. 이렇게 위험한 장소로 쫓겨난 물고기는 **특수한 환경에 적응해야만** 살아남는다. 결국 짱뚱어는 **다른 물고기처럼 아가미로 호흡할 수 있을 뿐만 아니라 피부로도 호흡할 수 있도록 진화**했다. 물고기지만 몸이 물에 젖으면 꼭 물속이 아니라도 살아갈 수 있다.

| 분류 | 어류 농어목 | 크기 | 전체 길이 18cm | 먹이 | 규조류 | 서식지 | 한국, 중국, 대만, 일본 |

달라도 너무 달라
놀라워!!
놀람 레벨 ★★☆

같은 조류일지라도

화려하다

분홍가슴파랑새

사실은 '광학 위장'이라는 위장 전술이라지요?

14색으로 깃털이 알록달록하다고!?

새의 깃털은 깃털 자체 색과 깃털 표면 구조가 빛을 반사해 보이는 색(구조색)이 조합되어 더욱 아름답고 선명하게 보인다.

분홍가슴파랑새는 왜 그렇게 화려해?

아름답게 눈에 띄는 색이 몸을 숨기는 데 더 도움이 되기 때문이다. 파란 날개는 하늘을 날고 있으면 하늘의 색과 구분하기 힘들고, 갈색 등은 위에서 보면 마치 땅처럼 보인다. 게다가 새들은 사람이 볼 수 없는 '**자외선**'도 볼 수 있기 때문에 다른 새들의 눈에는 분홍가슴파랑새에서 우리가 알지 못하는 또 다른 색이 보일지도 모른다. 색의 세계는 참으로 심오하다.

 분류: 조류 파랑새목
 크기: 전체 길이 38cm
 먹이: 곤충, 파충류, 물고기
 서식지: 아프리카 동부, 중부, 남동부

'패션 감각'이 달라도 너무 달라!

'까아~(안녕?)', '까악까악까악(위험해! 조심해!)' 등 까마귀는 적어도 40종의 울음소리를 구분해 사용하며 의사소통한다.

송장까마귀

수수하다

검은색 몸으로 적의 눈을 속일 생각을 했다니 대단하지 않습니까악?

온몸이 검정색 단 한 하나뿐이라고!?

송장까마귀는 왜 그렇게 수수해?

적으로부터 몸을 숨기기 적합하기 때문이다. 특히 어두운색은 밤에 더욱 눈에 띄지 않기 때문에 천적인 수리부엉이 같은 야행성 맹금류의 공격을 피할 수 있다. 밤이면 수백, 수천 마리가 함께 모여 잠들며 적의 눈을 헷갈리게 해 스스로를 보호한다. 까마귀 깃털은 빛 반사에 의해 파란색이나 보라색으로 빛나 보인다. 어쩌면 까마귀가 수수하다는 생각은 인간의 편견일지 모른다.

 분류 조류 참새목 크기 전체 길이 50cm 먹이 열매, 씨앗, 지렁이, 곤충 등   서식지 한국, 일본, 유라시아 동부

달라도 너무 달라 놀라워!!

놀람 레벨 ★★★ MAX

같은 뱀일지라도

크다

그린아나콘다

초등학교 4학년 남자아이 여섯 명이 모여도 내가 더 무겁지!*

몸무게 200kg, 전체 길이는 9m!?

몸통 둘레 지름은 약 30cm. 수컷보다 암컷이 약간 더 크다.

그린아나콘다는 왜 그렇게 몸이 커?

1년 내내 따뜻한 열대 지방에 살고 **물속에서 생활할 수 있어서 몸집이 아무리 크고 무거워도 자유롭게 돌아다닐 수 있기 때문이다.** 그린아나콘다는 아마존강 유역에 사는 **세계에서 가장 큰 뱀**이다. 독은 없지만 먹잇감을 돌돌 말아 질식시킬 수 있다. 멧돼지나 사슴, 거북도 먹는다. 자기 몸보다 입을 크게 벌릴 수 있기 때문에 어떤 먹잇감도 통째로 꿀꺽 삼킨다.

분류	크기	먹이	서식지
파충류 유린목	전체 길이 6~9m	물고기나 악어, 거북 등의 동물	태평양 연안을 제외한 남아메리카 북부

*출처: 초등학교 4학년 남자아이 평균 몸무게 = 30.5kg(출처: 〈2018년도 학교 보건 통계〉).

몸 '크기'가 달라도 너무 달라!

바베이도스실뱀 **작다**

500원짜리 동전 위에서 똬리도 틀 수 있음☆

몸무게 6g, 전체 길이 10cm !?

세계에서 가장 작은 뱀. 몸무게가 고작 10원짜리 동전 여섯 개.

바베이도스실뱀은 왜 그렇게 몸이 작아?

지렁이처럼 땅속에서 생활하기 때문이다. 바베이도스실뱀은 땅속 생활에 적응해 땅속으로 들어가기 편리한 작은 몸을 하고 있다. **작은 몸은 적으로부터 도망치기에는 좋지만** 알을 낳기에는 어렵다. 게다가 한 번에 단 한 개의 알밖에 낳을 수 없다. 땅속에 둥지를 짓는 개미나 흰개미의 애벌레를 먹이로 삼는다.

분류	크기	먹이	서식지
파충류 유린목	전체 길이 10cm	개미의 애벌레	동카리브해의 바베이도스섬

제4장

깜짝 비교

비슷해도 너무 비슷해

사람과 똑 닮은 생물들의 규칙과 행동

우리 인간은 진화 과정에서 무리끼리 서로 도우며 집단으로 살게 되었어요. 집을 짓는 사람, 먹을 것을 구하는 사람, 상처나 병을 치료하는 사람 등등 각자 역할을 맡고 협력하며 살게 된 것이지요. 이러한 집단을 '사회'라고 해요. 그리고 사람이 아닌 다른 생물들도 이러한 사회를 이루며 살아간답니다.

인간 사회에는 지켜야 할 규칙이 있고 다른 사람들과 다양한 관계를 맺으며 살아가죠. 마찬가지로 생물 사회에도 지켜야 할 규칙이 있고, 같은 무리끼리 끈끈한 정을 나누기도 한답니다. 그중에는 우리 인간과 비슷한 것도 아주 많아요. 인간과 생물의 아주 비슷한 행동을 비교해 볼까요?

이 장을 재미있게 읽는 방법

우리 인간과 아주 비슷한 행동을 하거나 비슷한 특징을 가진 생물들을 살펴볼 거예요! '우리 주위에도 꼭 있어' 코너를 읽고 인간과 비교하면서 어떤 부분이 비슷한지, 어떻게 비슷한지 진화의 비밀을 함께 생각해 보아요!

'우리 주위에도 꼭 있어'와 비교해 보자!

비슷해도 너무 비슷해 놀라워!!

놀람 레벨 ★★★★ MAX

흰개미는 팀플레이로 높은 탑을 쌓는다고!?

| 분류 | 곤충류 바퀴목 | 크기 | 몸높이 3mm (일개미 크기) | 먹이 | 볏과의 풀 | 서식지 | 오스트레일리아의 사바나 |

※ 생물 정보는 성당흰개미 자료다.

탑 안의 구조는 인간이 모방할 정도로 쾌적하다!

탑 안에는 육아실이나 식재료 창고 등 용도에 따라 나눈 수많은 방이 있다. 버섯 균을 기르는 방을 만들어 양분을 섭취하는 흰개미도 있을 정도!

우리 집에는 버섯 기르는 방도 있다니까~!

> 이런 점이
> # 비슷해!

사바나에 사는 흰개미는 '**개미 무덤**'이라는 탑처럼 생긴 집을 짓고 산다. 탑 내부는 **온도를 조절하거나 환기에 편리한 구조**를 이룬다. 높이는 최대 약 8m나 되고 수백만 마리 흰개미가 함께 살아갈 정도로 넓다. 개미집의 높이를 사람 키를 기준으로 환산하면 초고층 빌딩 '**부르즈 할리파**'*의 4배와 맞먹는다. 인간이 보기에도 깜짝 놀랄 정도로 과학적인 건축 기술이다!

우리 주위에도 꼭 있어

드디어 완성!

* 아랍에미리트의 두바이에 있는 높이 828m 초고층 빌딩.

흰개미는 '**사회성 곤충**'이라 불리는데, 여왕개미를 중심으로 수십만, 수백만 마리가 집단을 이루고 살아간다. 적으로부터 무리를 지키는 병정개미, 집을 짓고 애벌레를 돌보는 일개미 등 각자 **정해진 역할을 맡아 행동**한다. 무리 전체가 마치 하나의 생명처럼 힘을 합쳐 활동하는 것이 흰개미가 효율성을 높이는 비결이다. 마치 환상적인 팀플레이가 진화한 것이라고나 할까.

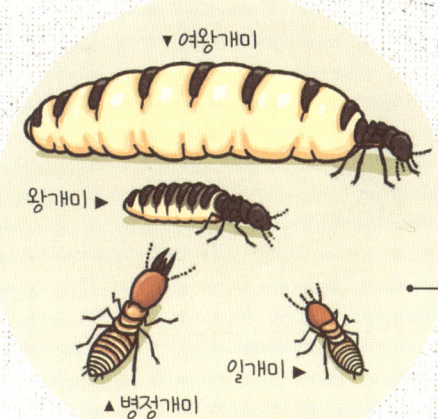

▼ 여왕개미
왕개미 ▶
▼ 병정개미
일개미 ▶

사바나는 기온 차가 심해서 낮에는 50℃ 가까이 온도가 올라간다. 하지만 개미 무덤 안 곳곳에 **지하수로 인해 차가워진 공기가 흐르는 통로**를 만들어 두어 내부 온도는 30℃ 정도로 일정하게 유지된다. 이 놀라운 구조를 참고하여 우리 인간도 에어컨을 많이 가동하지 않아도 시원하게 유지할 수 있는 건물 에너지 절약에 관한 연구를 진행하고 있다. 이처럼 생물의 특징을 기술 개발에 활용하는 것을 '**생체 모방**'이라고 한다.

굴뚝
통로
버섯 농장
여왕실

비슷해도 너무 비슷해 놀라워!!

놀람 레벨 ★★★

안데스바위새는 모히칸 스타일로 배틀한다고!?

댄스 배틀로 센터 경쟁!

꽃미남 선발 대회 1등 출신이라고!

암컷을 유혹하거나 경쟁자를 위협할 때 머리 깃털을 잔뜩 부풀린다. 이처럼 화려한 색깔이나 동작으로 자신을 강하고 멋지게 보이는 것을 '디스플레이'라고 한다.

우리 주위에도 꼭 있어

내 머리 스타일, 멋지지?

이런 점이 비슷해!

안데스바위새 수컷은 번식기가 되면 '렉'*이라고 부르는 구애 장소에 모여든다. 그러고는 아메리칸 인디언 모히칸족처럼 머리 깃털을 잔뜩 부풀리고 댄스 배틀을 벌인다. 암컷은 수컷의 댄스와 머리 깃털의 화려함을 보고 결혼 상대를 선택하기 때문에 수컷은 암컷의 마음에 들기 위해 머리 깃털을 자랑하며 경쟁한다. 이 모습은 인간이 머리 스타일이나 옷으로 자신을 표현하는 것과 아주 비슷하다.

분류	크기	먹이	서식지
조류 참새목	전체 길이 32㎝	열매나 곤충	남아메리카 북서부 숲

138 *많은 수컷이 모여 암컷에게 구애하는 장소. 안데스바위새는 잎이 듬성듬성하여 눈에 잘 띄는 나뭇가지에서 춤을 추며 구애한다.

흡혈박쥐의 암컷은 아주아~주 의리가 강하다고!?

비슷해도 너무 비슷해 놀라워!!
놀람 레벨 ★★★★ MAX

어려울 때 서로 돕는 게 인지상정!

동물 피를 빨아 먹고 사는 흡혈박쥐. 암컷을 중심으로 수백 마리가 무리를 지어 숲속 동굴에서 산다.

에휴, 오늘은 피 구경도 못했지 뭐야!

이리 와, 내 거 나눠 줄게!

이런 점이 비슷해!

이틀 동안 다른 동물의 피를 먹지 않으면 굶어 죽는 흡혈박쥐는 배고픈 친구가 있으면 자기가 먹은 피를 토해 나눠 준다. 반대로 자기가 배고플 때는 친구의 피를 나눠 먹는다. 이처럼 **생물이 서로 돕는 행동**을 '**이타 행동**'이라 한다. 우리 인간이 다른 사람으로부터 얻은 물건을 어려운 처지의 **사람과 함께 나누거나 도움 받은 사람에게 은혜를 갚는 것**과 일맥상통하는 사회적인 행동이다.

우리 주위에도 꼭 있어

같이 먹어요.

만날 얻어 먹기만 해서 어째요.

| 분류 | 포유류 박쥐목 | 크기 | 몸길이 7~9.5㎝ | 먹이 | 동물의 피 | 서식지 | 중앙아메리카, 남아메리카 |

아델리펭귄은 작은 돌을 건네며 프러포즈한다고!?

비슷해도 너무 비슷해 놀라워!!
놀람 레벨 ★★★ MAX

분류	조류 펭귄목	크기	전체 길이 75cm	먹이	크릴새우나 물고기	서식지	남극과 그 주변

선물 공세로 상대의 마음을 얻다!

이 돌로 우리 둘만의 보금자리를 만들지 않을래?

몰라몰라~♥

겨울에는 남극 근처 해빙 지역에서 보낸다. 봄이 되면 새끼를 번식하기 위해 해안가 근처 바위가 많은 곳에 둥지를 짓는다.

이런 점이 비슷해!

'프러포즈'라면 남자가 여자에게 반지를 건네는 장면이 떠오를 것이다. 수컷 아델리펭귄도 작은 돌을 건네며 프러포즈한다. 작은 돌이 아델리펭귄이 둥지를 짓는 데 없어서는 안 되는 귀중한 재료이기 때문이다. 돌을 건넨 뒤에는 '**황홀한 디스플레이**'*라는 동작으로 서로의 호감도를 확인하는데 이는 진화 과정에서 **구애 행동이 패턴화**된 것이다.

우리 주위에도 꼭 있어

* 펭귄 무리에서 흔히 보이는 구애 행동. 수컷이 하늘을 향해 머리를 꼿꼿이 들고 울음소리를 내면서 날개를 파닥거린다. 암컷은 몸을 흔들며 답한다.

아델리펭귄은 번식기인 봄이 되면 수컷이 먼저 해안가에 상륙해 작은 돌을 원형으로 쌓아 올려 둥지를 짓는다. **돌이 모자라면 눈이 녹아 생긴 물에 알이 젖어 새끼가 죽을 수도 있기 때문에** 돌을 아주 많이 모아야 한다. 해안가의 돌 개수가 한정적이기 때문에 펭귄끼리 서로 돌을 빼앗으려고 싸우기도 한다.

둥지에 돌이 많아야 마음이 놓여. 부모 마음 다 똑같지 뭐...

물총새 수컷도 암컷에게 작은 물고기를 **선물하며 프러포즈**한다. 이것을 '**구애 급이**'라고 한다. 암컷에게 사냥 능력을 자랑하거나 수컷과 암컷의 사랑을 더욱 깊게 하는 의미가 있다. **생물의 대화 방식에도 일정한 패턴이나 약속이 있다는 것**을 알 수 있다.

이 구역 낚시왕은 나야 나!

멋지다 ♥

비슷해도 너무 비슷해 놀라워!!

놀람 레벨 ★★★

두꺼비고기의 수컷은 노래를 잘할수록 인기 짱이라고!?

개성 만점 러브송으로 사랑을 외치다!

몸 안에 있는 '부레'를 진동시켜 '꿍', '붓' 하는 소리를 조합해 운다.

노래가 시원찮으면 다른 수컷들이 치고 들어올지 몰라.

부~~~~~♪

우리 주위에도 꼭 있어

그대에게 바치는 사랑의 노래~♪

이런 점이 비슷해!

두꺼비고기는 두꺼비고기목 무리로 **'우는 물고기'**로도 알려져 있다. 보통은 바위 그늘에 가만히 숨어 지내지만 암컷을 유혹할 때는 독특한 울음소리를 낸다. **울음소리가 더 개성 넘칠수록** 다른 수컷의 방해를 덜 받으며 암컷에게 효과적으로 구애할 수 있다. **독창적인 창법으로 노래를 부르며 사랑을 고백하는 것**은 연인에게 흔히 쓰는 방법이다.

분류	크기	먹이	서식지
어류 두꺼비고기목	전체 길이 약 37cm	새우나 작은 물고기	파나마에서 브라질에 이르는 얕은 바다

비슷해도 너무 비슷해
놀라워!!

놀람 레벨 ★★★

사향땃쥐의 새끼들은 한 줄로 줄지어 걷는다고!?

세상은 위험하니까 떨어지면 안 돼!

졸졸졸졸~

우는 힘이 세서 잡아당겨도 떨어지지 않는다.

기차놀이를 하며 새끼를 지킨다!

이런 점이 비슷해!

사향땃쥐 가족은 '카라반 행동'이라는 방법으로 이동하는데, 이는 부모가 맨 앞에 서면 **새끼들이 순서대로 꼬리에 꼬리를 물고 줄지어 걷는 방법**이다. 한 번에 3~6마리 새끼를 키우는 어미는 위험을 느끼면 이 방법으로 둥지에서 새끼들을 데리고 나와 다른 곳으로 이사한다. **어린이집 아이들이 산책**할 때 한 줄로 줄지어 걷는 모습과 꼭 닮았다.

우리 주위에도 꼭 있어

자, 한 줄로 서세요!

졸졸졸졸~

 분류 포유류 진무맹장목

 크기 몸길이 13cm

 먹이 지렁이, 곤충

 서식지 아시아 남부, 아프리카 동부 등의 농경지나 덤불 속

큰돌고래는 서식 지역에 따라 언어가 다르다고!?

비슷해도 너무 비슷해 놀라워!!

놀람 레벨 ★★☆

분류	포유류 고래목
크기	전체 길이 3m
먹이	오징어, 어류
서식지	열대에서 온대에 이르는 연안 지역

대화할 때 내는 소리는 '휘슬음', 흥분하거나 상대를 위협할 때 내는 소리는 '바크음'이라고 한다.

무슨 말인지 못 알아듣겠다고!?

데가여, 옴마나 끼여운지 아떼예!

이런 점이 비슷해!

돌고래는 '삐유삐유' 피리를 부는 것 같은 울음소리를 내며 친구들과 대화한다. 이 소리를 '**휘슬음**'이라 한다. 이 소리는 서식 지역에 따라 높낮이가 다르다. 게다가 특정 지역에서만 볼 수 있는 소리의 패턴도 있어서 이러한 소리의 차이로 어느 무리에 속하는지도 알 수 있다. 우리 인간과 마찬가지로 **서식하는 지역에 따라 사용하는 언어가 다른 것이다.**

우리 주위에도 꼭 있어

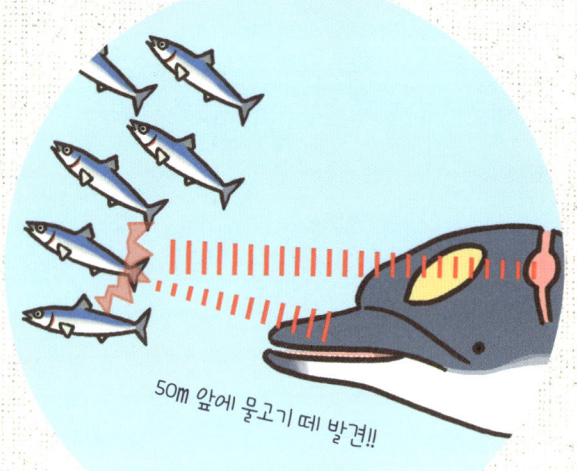

어두운 바닷속에서도 돌고래는 소리의 메아리를 이용해 주위 지형을 파악하거나 먹잇감의 위치, 크기 등을 알 수 있다. 이 방법을 '**에코로케이션**'이라고 하고, 이때 내는 '틱틱틱틱' 소리를 '클릭음'이라고 한다. 돌고래는 이 소리를 듣고 100m 이상 떨어진 장소에 있는 사물을 구별할 수 있다. 돌고래는 진화 과정에서 이미 몇백만 년 전에 잠수함의 음파 탐지기 같은 능력을 몸에 갖추었다.

돌고래 친척인 **범고래도 울음소리를 이용해 친구들과 대화**한다. 범고래는 몇 마리에서 몇십 마리에 이르는 가족이 무리 지어 다니는데 이 무리마다 특유한 사투리가 있다고 한다. 새끼들은 부모나 무리의 어른들이 내는 울음소리를 흉내 내면서 무리의 언어를 학습한다.

비슷해도 너무 비슷해 놀라워!!
놀람 레벨 ★★★

너구리는 화장실에서 정보를 교환한다고!?

현대인이 SNS를 통해 친구들의 소식을 접하듯, 너구리는 똥을 통해 친구의 소식을 알아낸다.

너굴이굴이가 어제 도토리를 먹었구나.

나도 도토리나 찾으러 가 볼까?

똥으로 친구들에게 근황 보고!!

우리 주위에도 꼭 있어

개, 정말?

이런 점이 비슷해!

인간만 화장실에서 다른 사람의 이야기를 하는 것이 아니다. 너구리도 '똥 구덩이'라는 공동 화장실을 만든 뒤 가까이 사는 친구들과 정보를 교환한다. 똥 냄새나 내용물을 통해 친구의 행동 범위나 가족들의 근황, 먹이 있는 곳을 가르쳐 주며 생활 정보를 주고받는 것이다. 화장실 앞에서 순서를 기다리며 줄을 서기도 한다나 뭐라나.

| 분류 | 포유류 식육목 | 크기 | 몸길이 50~60㎝ | 먹이 | 작은 동물, 물고기, 곤충, 열매 등 | 서식지 | 일본 |

※ 생물 정보는 일본너구리 자료다.

침팬지는 센 상대에게 억지웃음을 짓는다고!?

비슷해도 너무 비슷해 놀라워!!
놀람 레벨 ★★★ MAX

이빨을 드러내 보이는 웃음은 '복종'의 표정. 입을 크게 벌려 보이는 것은 '위협'의 표정.

이야~ 역시, 대장님은 다르네요!

역시 그런가~?

위협

복종

침팬지들도 아부를 잘해야 출세한다!

이런 점이 비슷해!

무리 지어 생활하는 침팬지는 **몸짓이나 표정으로 의사소통한다.** 또한 상하 관계가 엄격해 강한 상대에게는 '복종'의 의사를 나타내는 웃음을 짓기도 한다. 이러한 표정을 '**그리머스**'라고 하는데 상대의 비위를 맞추는 데 효과적이다. 인간이 사용하는 '**억지웃음**'과 비슷하다니 놀랍지 않은가!

우리 주위에도 꼭 있어

과연 눈이 높으십니다!

허헝헝!

| 분류 | 포유류 영장목 | 크기 | 몸길이 85cm | 먹이 | 열매, 잎, 곤충, 작은 동물 | 서식지 | 아프리카 숲 |

비슷해도 너무 비슷해
놀라워!!
놀람 레벨 ★★★ MAX

황제펭귄의 새끼는 모두 어린이집에 다닌다고!?

분류	크기	먹이	서식지
조류 펭귄목	전체 길이 1.2m	물고기, 크릴새우, 오징어	남극 주변 빙원

여기는 남극 어린이집.
기온은 영하 60℃!

새끼들은 서로 몸을 부비면 추위로부터 몸을 보호한다. 새끼를 돌보는 것은 아직 새끼를 낳지 않은 젊은 펭귄들 역할이다.

첫한 어린이들, 얌전하게 기다려요!

엄마 아빠가 맛있는 물고기를 잡아 오시겠지?

148

이런 점이 비슷해!

새끼 펭귄이 태어나고 한동안은 부모가 교대로 바다에서 물고기를 잡아 새끼에게 먹이를 준다. **새끼가 먹는 양이 늘어나면 부모가 함께 물고기를 잡으러 나간다.** 부모가 없는 동안에는 아직 자식을 낳지 않은 젊은 펭귄들이 육지에 남아 있는 모든 새끼를 돌본다. 이 집단을 '**크레슈**'(공동 탁아소) 라고 하는데 **인간의 어린이집과 비슷**하다.

우리 주위에도 꼭 있어

자, 여기 보세요~.

알을 낳은 암컷은 체력이 떨어진 상태이기 때문에 곧바로 번식지에서 떨어진 바다로 나가 물고기를 사냥하며 체력을 보충한다. 그동안 수컷은 발 위에 알을 올려놓고 **약 2개월 동안 먹지도 마시지도 않고 선 채로 알을 따뜻하게 보호한다.** 이후 새끼가 태어나고 암컷이 사냥에서 돌아오는 시기가 늦어지면 수컷은 식도 안쪽을 긁어서 생긴 '**펭귄 밀크**'를 새끼에게 **준다.** 알을 따뜻하게 관리하는 것도 새끼 펭귄에게 밀크를 주는 것도 아빠의 역할이다.

바닷가에는 얼룩무늬물범이나 범고래 같은 천적이 많다. 따라서 펭귄은 이들을 피해 바다에서 멀리 떨어진 내륙에서 새끼를 키우는데 바다까지의 거리가 무려 80~200㎞나 된다. 게다가 새끼를 위해 물고기를 잡으러 간 바다에서도 언제나 적의 공격을 받을 위험이 도사리고 있다. 이러한 이유 때문에 펭귄은 **하늘을 나는 능력 대신 헤엄치는 능력이 진화**했다. 펭귄은 바닷속에서 누구보다도 빨리 헤엄쳐 물고기를 잡으며 **한 번 잠수하면 20분 이상 물속에 있을 수 있다.**

깜짝 비교! 지구와 생물의 진화의 역사

38억 년 전, 최초의 생명 탄생!
명왕누대 ~ 시생누대
46억 년 전~25억 년 전

메탄균
바다의 열수 분출공에서 생겨났다고 여기는 고세균. 오늘날에도 지구에 존재한다.
▶ 관련: 97쪽으로

이 시대 빅 뉴스

45억 년 전 (명왕누대)

달도 생겨났다!
방금 막 탄생한 지구에 소행성이 부딪혔다. 이때 사방으로 튕겨 나간 암석이 모여 달이 되었다. 달의 인력으로 지구 바다에 거대한 파도가 생겨났고 이는 생명을 잉태하는 하나의 계기가 되었다.

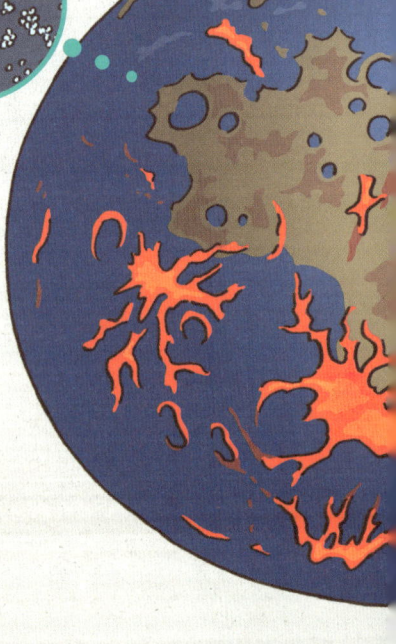

명왕누대	시생누대	원생누대	캄브리아기	오르도비스기	실루리아기	데본기	석탄기	페름기	트라이아스기	쥐라기	백악기	고제3기	신제3기	제4기
선캄브리아 시대			고생대						중생대			신생대		

지금으로부터 약 **46억 년** 전 작은 혹성이 서로 부딪혀 지구가 탄생했습니다. 그리고 **38억 년** 전쯤 지구에 최초의 생명이 생겨난 것으로 보여요. 그렇다면 우리는 그 시기부터 어떻게 진화해 온 것일까요? 각 시대의 지구와 생물의 모습을 비교하면서 진화의 역사를 살펴볼까요?

불덩어리와 물의 혹성!

40억 년 전쯤 지구. 마그마로 이루어진 바다와 물로 이루어진 바다가 넓게 퍼져 있었다.

이런 시대도 있었어

이 시대 목격자
시아노박테리아 님

산소를 만들어 내는 '광합성'을 할 수 있는 세균. 오늘날에도 지구에 존재한다. ▶ 관련: 96쪽으로

모든 것은 여기에서 시작되었다!

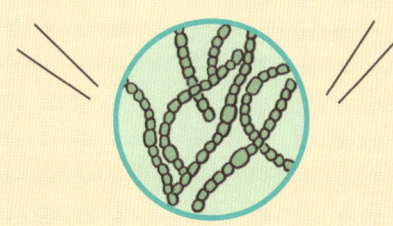

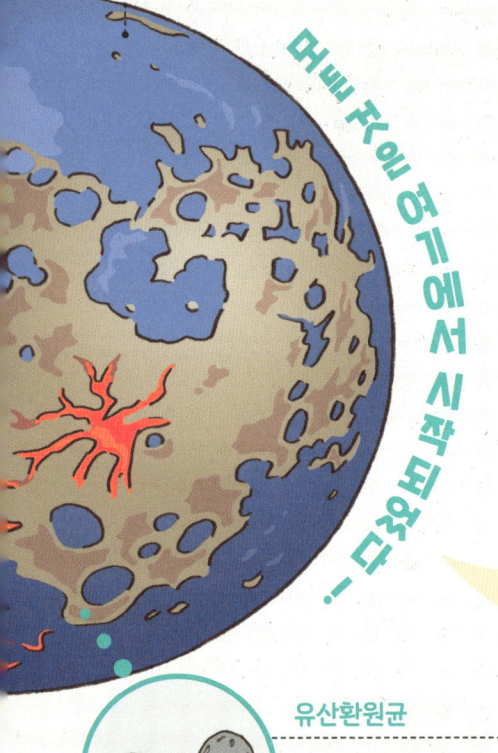

유산환원균
35억 년 전쯤 지구에서 번성했다고 여기는 세균. 오늘날에도 지구에 존재한다.

최초의 생명은 바다에서 생겨난 미생물이었던 것 같아요. **눈에 보이지 않을 만큼 아주 작은 생명이었죠.** 그 당시 지구에 산소는 없었고 메탄가스만 가득 차 있었어요. 그러다 25억 년 전쯤 **내가 생겨났고 '광합성'을 시작했습니다. 그랬더니 지구가 산소로 가득 찼어요!** 이 변화가 큰 생명이 생겨나는 계기가 되었다니 정말 깜짝 놀랄 만한 일 아닌가요?

깜짝 비교! 지구와 생물의 진화의 역사

눈에 보이는 크기의 생물 등장!
원생누대
25억 년 전 ~ 5억 4100만 년 전
▶ 관련: 8쪽으로

킴베렐라
10cm 정도 되는 껍데기와 기다란 입을 갖고 있다.

트리브라키디움
지름 5cm 정도 되는 원반 모양의 생김새를 한, 수수께끼로 가득 찬 생물.

이 시대 빅 뉴스

판타랏사해

7억 년 전 (원생누대)
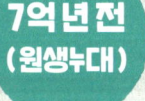

지구, 꽁꽁 얼어붙다!?
지구 전체가 얼음으로 뒤덮일 만큼 혹독하게 추운 빙하기가 몇 번이나 지구를 찾아왔다! 이로 인해 많은 미생물이 멸종했지만 이후 얼음이 녹은 뒤 몸집이 큰 생물이 진화해 생겨났다.

카르니오디스쿠스
전체 길이가 50cm 정도인 식물과 비슷한 생김새를 한 동물.

명왕누대	시생누대	**원생누대**	캄브리아기	오르도비스기	실루리아기	데본기	석탄기	페름기	트라이아스기	쥐라기	백악기	고제3기	신제3기	제4기
선캄브리아 시대			고생대						중생대			신생대		

약 **30억 년 동안** 지구에는 세포가 하나밖에 없는 눈에 보이지 않을 만큼 작은 미생물밖에 없었습니다. 하지만 **6억 년 전쯤** 세포 몇 개가 모여 만들어진 생물이 진화했고 그 결과 몸집이 커다란 생물이 나타났어요.

곤드와나 대륙이 확장되다!

6억 년 전쯤 지구. 남반구에 곤드와나라는 초대륙이 확장 되고 있었다.

에디아카라 동물군 등장!

곤드와나 대륙

원생누대 마지막 시기를 '에디아카라기'라고 한다. (6억 3500만 년 전부터 5억 4100만 년 전) 이 시기 나타난 신기하게 생긴 생물들을 '에디아카라 동물'이라고 부른다.

이런 **시대도 있었어**

이 시대 목격자
디킨소니아 님

전체 길이 1m 정도 되는 납작한 생물. 이 시대 생물로는 가장 큰 생물이었다.

지금부터 6억 년 전쯤 지구라니 감이 안 오지? 그래도 잘 들어봐. 그때는 대부분의 생물이 육지로 올라오지 않고 아직 바닷속에서 살고 있었어. 대다수 생물이 **팔다리는커녕 눈이나 뼈도 없었지 뭐야. 몸은 그냥 말랑말랑한 젤리 같았고 말이지.** 뭘 먹고 살았냐고? 다른 생물을 잡아먹지는 않았고 그냥 더 작은 미생물 같은 걸 조금씩 먹으며 살았어. 사는 건 옛날이나 지금이나 참 힘든 거 같아.

깜짝 비교! 지구와 생물의 진화의 역사

생물 종류가 폭발적으로 증가했다!
고생대 전기

캄브리아기 ~ 실루리아기

5억 4100만 년 전 ~ 4억 1920만 년 전

할루키게니아
많은 가시와 촉수를 가진 유조동물**이라는 생물.

카메로케라스
길쭉한 껍데기를 뒤집어 쓴 앵무조개 친척.
▶ 관련: 82쪽으로

판타랏사해

이 시대 빅 뉴스

5억 년 전 (캄브리아기)

어류의 조상 등장!
밀로쿤밍기아 같은 턱이 없는 원시적인 특징을 가진 물고기 '무악류'가 등장했습니다. 이 무악류로부터 턱이나 등뼈를 가진 어류가 생겨난 거예요. 이후 양서류 같은 다양한 척추동물로 진화해 갔습니다.

루나타스피스 (아우로라)
삼엽충에서 진화해 생겨난 투구게 친척.
▶ 관련: 92쪽으로

선캄브리아 시대			고생대						중생대			신생대		
명왕누대	시생누대	원생누대	캄브리아기	오르도비스기	실루리아기	데본기	석탄기	페름기	트라이아스기	쥐라기	백악기	고제3기	신제3기	제4기

고생대 캄브리아기가 되자 눈이나 다리를 가진 생물이 생겨났습니다. 원시적인 특징을 가진 어류나 몸이 딱딱한 껍데기로 덮인 '절지동물' 등 현재의 생물로 이어지는 특징을 가진 생물이 많이 등장했어요. 생물 종류가 폭발적으로 증가한 시대이기도 합니다.

식물이 바다에서 육지로 진출!

5억 년 전쯤 지구. 조류에서 이끼식물이 진화했다. 4억 년 전쯤 육상 식물이 탄생했다.

앗! 캄브리아기 대폭발이다!

곤드와나 대륙

이런 시대도 있었어

이 시대 목격자
아노말로카리스님

커다란 눈으로 먹잇감을 찾으며 사냥했던 캄브리아기 최강의 바다 포식자.

엥? 인간처럼 등뼈가 있는 '**척추동물**'의 조상이 이 시기에 생겨났군요. 추카추카! 하지만 잘 들어요. 이 시기는 아직 나나 앵무조개처럼 등뼈가 없는 '**무척추동물**' 세상이었어요! 캄브리아기 에이스는 바로 나라고요!

린굴라

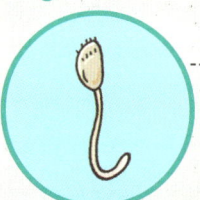

개맛의 친척으로 여기는 완족동물.
▶ 관련: 95쪽으로

올레노이데스

'삼엽충'이라 불리는 절지동물. 삼엽충 친척은 고생대 말까지 번성했다.

깜짝 비교! 지구와 생물의 진화의 역사

바다에서 육지로, 네발짐승 상륙!

고생대 후기

(데본기 ~ 페름기)

4억 1920만 년 전~2억 5190만 년 전

미구아샤이아
담수 지역에 살고 있던 초기 실러캔스. 전체 길이는 45cm 정도였다.
▶ 관련: 86쪽으로

둔클레오스테우스
강력한 턱을 가진 전체 길이 6m 정도 되는 대형 어류.

판게아

판타랏사해

이 시대 빅 뉴스

3억 년 전 (석탄기)

힐로노무스
숲에서 곤충을 잡아먹고 살았던 가장 오래된 파충류의 하나.

식물도 진화했다!

따뜻한 기후가 계속되고 이끼에서 진화한 양치식물이 엄청나게 커지면서 숲이 만들어졌다. 숲에는 메가네우라** 같은 거대 곤충이 번성하기도 했다. 오늘날 땅속에서 채취하는 석탄은 이 시기 식물의 화석이다.

명왕누대	시생누대	원생누대	캄브리아기	오르도비스기	실루리아기	데본기	석탄기	페름기	트라이아스기	쥐라기	백악기	고제3기	신제3기	제4기
선캄브리아 시대			고생대						중생대			신생대		

고생대 데본기가 되자 몸집이 어마어마하게 커진 어류가 전 세계 바다에서 번성했어요! 게다가 어류에서 진화한 양서류가 네발로 걷게 되면서 육지로까지 진출했답니다. 이후 양서류에서 파충류나 단궁류가 진화하고, 절지동물에서 곤충류가 진화하며 육상에서 번성했어요.

판게아 대륙에 숲이 늘어나다!

3억 년 전쯤 지구. 육지가 연결되었고 판게아라는 초대륙이 생겼다. 적도 가까이에 산맥이 생겼고 거대한 삼림이 계속 늘어났다.

바다에도 육지에도 생명이 모두 오를 이…

이런 시대도 있었어

이 시대 목격자
디메트로돈 님

전체 길이 2m 전후인 페름기 초기 단궁류.

그때는 기분 좋은 따뜻한 날이 많았지. 덕분에 풍요로워진 숲에는 식물이 하늘 높은 줄 모르고 자랐어. 식물을 먹는 곤충의 크기도 커졌고 그 곤충을 먹는 육식 동물도 점점 덩치가 거대해졌지 뭔가. **훗날 생각하기도 끔찍한 대멸종 사건이 일어나리라는 사실은 전혀 모른 채 말이야.** 난 차라리 그전에 죽어서 다행이라고 생

▶ 관련: 93쪽으로

디플로카울루스
커다란 삼각형 머리를 한 담수에서 살았던 양서류.

아르트로플레우라
전체 길이 2m 정도 되는 노래기의 친척 절지동물.

깜짝 비교! 지구와 생물의 진화의 역사

공룡 시대가 찾아왔다!

중생대

트라이아스기 ~ 백악기

2억 5190만 년 전 ~ 6600만 년 전

스테고사우루스
쥐라기 북아메리카나 중국 대륙에 살았던 초식 공룡.

킹고이테스
중생대를 거치며 번성했던, 지금과 거의 차이가 없는 은행나무의 친척.

▶ 관련: 89쪽으로

현재의 북아메리카

현재의 남아메리카

이 시대 빅 뉴스

6600만 년 전 (백악기)

운석이 떨어져 공룡 멸종!
▶ 관련: 12쪽으로

운석의 충돌로 전 생물 종의 약 60%가 멸종하는 사건이 일어났다. 대규모 화재, 쓰나미, 한파가 끊이지 않았고 그 결과 공룡이 멸종했다. 2억 년 가까이 이어져 온 번성의 역사에 종지부를 찍었다.

니포니테스

백악기 러시아나 일본 등지에 살았던 암모나이트. 껍데기 소용돌이 모양이 놀랄 정도로 독특하다!

선캄브리아 시대			고생대						중생대			신생대		
명왕누대	시생누대	원생누대	캄브리아기	오르도비스기	실루리아기	데본기	석탄기	페름기	트라이아스기	쥐라기	백악기	고제3기	신제3기	제4기

고생대 말기 대규모 화산 활동이 발생하면서 대멸종이 일어났습니다. 이 사건 이후 살아남은 파충류가 트라이아스기에 공룡으로 진화해 탄생했어요. 같은 시기 단궁류에서 포유류 조상이 생겨났고 쥐라기가 되자 일부 공룡에서 조류가 진화했습니다.

판게아 초대륙이 분열!

1억 5000만 년 전쯤 지구. 초대륙이 분열하고 오늘날 대륙의 형태가 만들어졌다.

- 현재의 유라시아
- 현재의 아프리카
- 현재의 남극
- 현재의 오스트레일리아

공룡의 번성과 멸종!

이런 시대도 있었어

이 시대 목격자
아델로바시레우스 님

트라이아스기에 생겨난 가장 오래된 난생 포유류.

그래요. **중생대는 대형 파충류의 시대였어요.** 땅 위에는 공룡이 날뛰고, 하늘에는 익룡이 날아다니고, 바다에는 수장룡이 버티고 있었죠. 어디를 가나 공룡이 지구를 지배하고 있었다니까요! 정말 무서운 시대였죠. **우리 포유류는 숲속에서 조용히 숨죽이고 살 수밖에 없었답니다.** 그 거대한 운석이 떨어지기 전까지 말이죠!

기가노토사우루스

백악기 남아메리카 대륙에 살았던 최대급 육식 공룡. 전체 길이는 약 14m다.

프테라노돈
백악기 북아메리카 등에 살았던 익룡. 좌우 날개를 펼친 길이는 약 9m다.

깜짝 비교! 지구와 생물의 **진화의 역사**

포유류가 전 세계로 퍼져 나가다!

신생대
고제3기 ~ 제4기
6600만 년 전~현재

페조시렌
육지와 물을 반씩 옮겨 다니며 생활했던 듀공의 조상. 네 개의 다리를 갖고 있었다.
▶ 관련: 10쪽으로

디아트리마
몸높이 2m 정도 되는 거대한 공룡류. 하늘은 날 수 없었다.

이 시대 빅 뉴스

20만 년 전 (제4기)

마침내 인류 탄생!
▶ 관련: 76쪽으로

약 20만 년 전, 드디어 우리 인간(호모 사피엔스)이 탄생. 집단으로 힘을 합쳐 빙하기 같은 수도 없이 많은 어려움을 극복하며 살아남았다. 우리 인류는 앞으로 어떤 미래를 만들어 갈까?

파라케라테리움
지구 역사상 최대급 육상 포유류로 여기는 코뿔소 친척. 몸길이는 7.5m나 된다.
▶ 관련: 44쪽으로

명왕누대	시생누대	원생누대	캄브리아기	오르도비스기	실루리아기	데본기	석탄기	페름기	트라이아스기	쥐라기	백악기	고제3기	신제3기	제4기
선캄브리아 시대			고생대						중생대			신생대		

공룡이 멸종한 뒤 공룡의 빈자리를 메우기 위해 포유류가 그 수와 종류를 늘려 가며 전 세계로 퍼져 나갔습니다. 그 진화 과정에서 우리 인류도 탄생했지요. 지금까지 살펴본 것처럼 38억 년에 이르는 생명의 역사는 멸종과 진화를 수없이 반복하며 이어져 왔습니다. 지금 여러분이 이 지구에 살고 있는 것 그 자체가 사실은 엄청난 기적인 이유이지요!

숲은 줄고, 평원이 늘어나다!

4000만 년 전쯤 지구. 아열대 숲이 늘어나고 있었는데 지구가 추워지면서 숲이 줄고 초원이 늘어났다.

이런 시대도 있었어

이 시대 목격자
케라토가울루스 님

땅속에 땅굴을 파고 살았던 다람쥐에 가까운 설치류. 커다란 두 개의 뿔이 깜찍할 정도로 귀엽다!

그리고 미래에도 생명은 계속된다…!

공룡이 사라진 뒤 포유류가 살 수 있는 장소가 넓어졌습니다. 지구는 추워졌고, 숲은 초원으로 변해 갔어요. 그래도 우리 포유류는 새로운 환경에 적응하려고 정말 최선을 다해 노력했어요. 그 덕분에 포유류의 종류가 한꺼번에 늘어났지요. 난 이미 멸종하고 말았지만 인간인 그대들의 미래는 어떻게 될까요?

호모 사피엔스

아프리카에서 생겨난 우리와 같은 인간. 도구를 사용하고 전 세계로 퍼져 나갔다.

나가는 말

여러분은 이 책을 다 읽고 나서 어떤 생각이 들었나요? '생물의 진화'가 정말 신기하고 재미있다고 느꼈나요?

저는 지금 숲에서 동물 생태를 조사하며 동물이 살고 있는 숲과 동물의 진화에 관한 다양한 연구를 하고 있습니다. 그런데 늘 이상하다고 생각하는 것이 있습니다. 왜 동물들은 인간을 보면 도망갈까요? 우리 인간이 숲에서 동물과 우연히 마주친다고 해도 아주 짧은 순간일 뿐인데 말이죠. 우리는 겨우 도망가는 뒷모습만 볼 수 있을 뿐입니다.

호두를 먹고 있는 다람쥐와 우연히 마주쳤다고 해 봅시다. 다람쥐는 나뭇가지에 앉아 양손으로 호두를 움켜쥔 채 껍데기를 벗기고 있습니다. 그러다 한 번씩 주위를 두리번두리번 둘러보며 어디 '수상한 것'이 없나 하고 살펴봅니다. 그런데 이때 숲을 방문한 인간을 발견합니다. 다람쥐는 호두를 물고 곧바로 숲속으로 총총 사라져 버립니다. 다람쥐를 잡으려고 한 것도 아니고 놀래려 한 것도 아닌데 말이에요. 그냥 보고만 있을 뿐인데도 다람쥐는 도망치고 말아요.

다람쥐가 도망치는 이유는 아마 그 다람쥐가 아기였을 때 엄마 다람쥐가 인간을 보고 도망치던 모습을 보았기 때문일지도 모릅니다. 그것을 보고 배운 아기 다람쥐가 같은 방식으로 행동하고 있는 거지요.

'다람쥐의 새우튀김'. 숲 바닥에서 흔히 발견할 수 있는 것으로 다람쥐가 먹고 버린 솔방울이다. 씨만 먹고 심 부분만 남겨 놓은 것인데 이 모습이 마치 새우튀김 같다. 이것이 발견된 곳 가까이에 다람쥐가 살고 있다는 표시다.

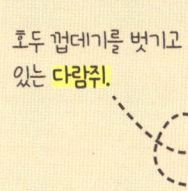
호두 껍데기를 벗기고 있는 **다람쥐**.

나무줄기에 센서카메라를 설치한 뒤 동물들의 행동을 조사한다. 일본 오쿠타마나 후지산 숲에 사는 **야생 동물의 생식 지도**를 만들고 있다.

인간뿐 아니라 동물 대부분은 처음 보는 모든 것을 경계합니다. 경계하지 않은 동물들은 멸종하거나 멸종 위기에 처하곤 하지요. 지금 우리가 흔히 볼 수 있는 동물들은 경계했기 때문에 살아남았다고 할 수 있습니다. 경계심이 발달했다는 것도 하나의 진화인 셈이지요. 만약 조용한 숲에서 몇십 년 동안 산다면 인간을 보고도 도망가지 않는 다람쥐가 나타날지 모릅니다. **숲에서 직접 몸으로 부대끼며 동물과 숲, 자연에 대해 느끼면 인간에 대해서도 잘 알게 되니 정말 신기한 일입니다.** 더운 날도 있고, 추운 날도 있고, 맑은 날도 있고, 비 오는 날도 있지만, '자연'이란 정말 훌륭한 장소입니다. 여러분도 꼭 자연을 탐험해 보세요. 예상하지 못한 놀라운 발견을 할 수 있을 겁니다.

동물학자
이마이즈미 다다아키

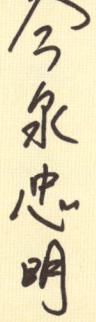

찾아보기

이 책에서 소개하는 생물들
전 147종

가
- 갈라파고스땅거북 ················ 116
- 개(집개) ······················· 56~59
- 개맛 ························ 95, 155
- 검은꼬리누 ······················ 100
- 고양이(집고양이) ·············· 56~59
- 구렁이 ··························· 68
- 군소 ···························· 125
- 그린란드상어 ···················· 111
- 그린아나콘다 ···················· 132
- 극제비갈매기 ···················· 108
- 기가노토사우루스 ················ 159
- 깅고이테스 ······················ 158
- 꼬마뒤쥐 ························ 112
- 꿀벌벌새 ························ 115

나
- 나일악어 ····················· 98~99
- 너구리 ·························· 146
- 늑대 ···························· 103
- 니포니테스 ······················ 158

다
- 대구 ···························· 118
- 대머리독수리 ···················· 101
- 대왕판다 ························· 52
- 도에디쿠루스 ····················· 50
- 돛새치 ·························· 110
- 두꺼비고기 ······················ 142
- 두발가락나무늘보 ················· 54
- 둔클레오스테우스 ············ 22, 156
- 듀공 ························ 10, 160
- 디메트로돈 ······················ 157
- 디아트리마 ······················ 160
- 디킨소니아 ······················ 153
- 디플로카울루스 ············· 22, 157

라
- 라보르드키멜레온 ················ 117
- 루나타스피스 ···················· 154
- 린굴라 ·························· 155

마
- 마사이기린 ··············· 38~39, 41
- 말(서러브레드) ··············· 46, 49
- 말코손바다사슴 ·················· 122
- 먹장어 ··························· 94
- 메가네우라 ······················ 156
- 메가테리움 ······················· 55
- 메리키푸스 ······················· 48
- 메탄균 ····················· 97, 150
- 멧밭쥐 ·························· 127
- 물총새 ·························· 141
- 미구아샤이아 ···················· 156
- 미아키스 ····················· 57~58
- 밀로쿤밍기아 ···················· 154

바
- 바다전갈(바다전갈류) ············· 93
- 바베이도스실뱀 ·················· 133
- 바실로사우루스 ··················· 33
- 백상아리 ····················· 64, 67
- 범고래 ···················· 33, 67, 145
- 베엘제부포 ······················· 71
- 북부기린 ························ 107
- 분홍가슴파랑새 ·················· 130
- 비늘발고둥 ······················ 124
- 비단정원사새 ···················· 102

사
- 사모테리움 ···················· 38~40
- 사자 ························ 98~101
- 사향땃쥐 ························ 143
- 세발가락나무늘보 ············ 54, 113
- 소철 ························ 88~89
- 솔기머리사슴 ···················· 123
- 송장까마귀 ······················ 131
- 스테고사우루스 ·················· 158
- 시노사우롭테릭스 ················· 74
- 시아노박테리아 ······ 22, 88, 96~97, 151
- 실러캔스 ················· 86~87, 156
- 심해꼼치 ························ 128
- 쌍봉낙타 ························· 34

아
- 아노말로카리스 ·················· 155
- 아델로바시레우스 ················ 159
- 아델리펭귄 ················· 140~141
- 아르디피테쿠스 라미두스 ····· 77~78
- 아르켈론 ························· 63

아르트로플레우라	157
아프리카물소	98~99
아프리카코끼리	26, 29, 98~99
아홉띠아르마딜로	50
안데스바위새	138
안데스콘도르	72, 75
암모나이트	63, 67, 82~83, 158
암블로케투스	32
앵무조개	82~83, 154~155
얼룩말	41, 100
에오린코켈리스	61~62
오돈토켈리스	62
오리너구리	90
오비랍토르	74
오카피	39~41
오키나와뜸부기	109
올레노이데스	155
요제파오르티가시아	37
원시도마뱀	85
원시잠자리	84
은행나무	88~89, 158

자

주름상어	66, 119
쥐(시궁쥐)	36, 102
짱뚱어	129

차

청개구리	70
치타	100
침팬지	76~78, 147

카

카르니오디스쿠스	152
카메로케라스	154
칼리코테리움	49
케라토가울루스	161
코알라	106
크레트조이아크토스	53
큰개미핥기	121
큰돌고래	144
클라도셀라케	66
킴베렐라	152

타

타조	101, 114

텔레오케라스	44
톰슨가젤	100
투구게	92~93, 154
투구새우	91
트리브라키디움	152
트리케라톱스	87
티라노사우루스	72~73, 75

파

파라케라테리움	44, 160
파키라키스	69
파키케투스	31~32
팔레오트라구스	40
페조시렌	160
포스파테리움	28
푸른바다거북	60~61, 63
프레리도그(검은꼬리프레리도그)	126
프로아일루루스	59
프로틸로푸스	35
프테라노돈	159
플라밍고	101

하

하마	98~99, 120
할루키게니아	154
헤스페로키온	58
헬리코프리온	67
호모 사피엔스	15, 76, 79, 160~161
호모 에렉투스	79
호보 하빌리스	78
혹등고래	30, 33
황제펭귄	148
흡혈박쥐	139
흰개미(성당흰개미)	136~137
흰코뿔소	42, 45
히라코돈	43~44
히라코테리움	42, 47~48
힐로노무스	156

알아보기

68쪽

의태: 자신의 몸을 보호하거나 사냥하기 위해서 모양이나 색깔을 주위와 비슷하게 하는 현상.

89쪽

녹조류: 엽록소를 가지고 있어 녹색을 띤 조류. 광합성에 의해 녹말을 만든다. 해캄·청각·파래 따위가 있다.

선태식물: 양치식물보다 원시적인 식물. 관다발 조직이 발달되지 않은 식물을 이르는 말로 이끼 등이 있다.

양치식물: 관다발 식물 중에서 꽃이 피지 않고 홀씨로 번식하는 식물을 이르는 말로, 고사리 등이 있다.

종자식물: 생식 기관인 꽃이 있고, 열매를 맺으며, 씨로 번식하는 고등 식물. 겉씨식물과 속씨식물로 나뉜다.

91쪽

내구란: 오랜 기간 동안 휴면 상태로 버틸 수 있는 알. 두꺼운 겉껍질로 둘러싸여 한랭, 건조 같은 부적합한 환경을 견딜 수 있고 환경이 좋아지면 부화한다.

새각류: 절지동물 갑각류의 한 아강. 몸길이 최대 2cm의 원시적인 소형 갑각류를 말한다.

92쪽

협각류: 몸 앞부분에 한 쌍의 가위 모양의 뿔을 가진 동물 분류.

95쪽

화석종: 상호 교배가 가능한 것으로 추정되는 고생대 생물로, 현존하는 종과 같은 것으로 취급한다.

완족동물: 두 장의 껍데기를 가지고 있으며, 몸에는 근육질의 자루가 있어서 다른 것에 붙거나 진흙 속으로 들어간다. 입 주위의 촉수 운동으로 물이 드나드는데 항문은 없다. 개맛, 조개사돈 따위가 있다.

114쪽

주조류(走鳥類): 날지 못하는 대신 달리는 것이 특기인 대형 조류. 타조, 에뮤 등이 있다.

125쪽

해우: 고둥의 일종. 껍데기가 있는 것은 드물고 있어도 몸속에 숨겨져 있다. 머리에 소의 뿔처럼 생긴 두 개의 촉각이 있어 이 이름이 붙었다.

클리오네: 일본 홋카이도 연안에서 볼 수 있는 길이 3~4cm 방추형의 껍데기 없는 조개의 일종.

154쪽

유조동물: 발톱이 달린 융기물이 있는 여러 쌍의 다리를 가진 동물.

156쪽

메가네우라: 고생대 석탄기 대표적인 거대 곤충으로, 날개 폭이 70cm에 이르는 거대한 원시잠자리.

지은이 이마이즈미 다다아키 今泉 忠明

동물학자. 도쿄동물원협회 평의원이자 일본 동물과학연구소 소장이다. 일본 고양잇과 동물연구소 소장으로 '고양이 박물관' 관장 등을 역임하며 개와 고양이는 물론 동물 전반에 관한 깊은 지식으로 정평이 나 있다. 포유동물학자이며 일본에서는 '고양이 아빠'라고도 불린다.
도쿄해양대학 졸업 후 국립과학박물관에서 포유류 분류학과 생태학을 연구했으며 일본 문무과학성의 국제생물학사업계획(IBP), 환경부의 이리오모테살쾡이 생태조사 등에도 참여했다. 무에노동물원에서 동물 해설가를 거쳐 현재 후지산의 동물 생태조사에 참여하는 등 여전히 현장에서 활발하게 활동하고 있다. 저서 중《안타까운 생물사전》시리즈가 누계 판매 500만 부를 돌파해 수많은 TV 프로그램에 출연했으며 폭넓은 세대에서 엄청난 인기를 끌고 있다.
국내에 소개된 도서 중 직접 집필한 저서는《어쩌다보니 살아남았습니다》,《너무 과해서 멸종한 생물 도감》,《최강왕 위험 생물 대백과》,《너무 진화한 생물 도감》,《최강 대결 개와 고양이》 등이 있다. 감수를 맡은 책으로는《이유가 있어서 멸종했습니다》,《또 이유가 있어서 멸종했습니다》,《최강왕 동물 배틀》,《최강왕 놀라운 생물 대백과》,《고양이님의 마음을 사로잡는 법》,《고양이 언어도 통역이 되나용》 등이 출간되었다.

옮긴이 전희정

서울에서 태어나 대학에서 일어교육을 전공한 뒤 어린이 책을 기획, 집필, 번역하고 있다.《블랙홀이 뭐예요?》,《하하하 튼튼한 이》,《가장 빠른 달리기》,《씨앗들의 작전》,《우리 몸은 따뜻해》 등을 우리말로 옮겼고《만화보다 재미있는 민화 이야기》,《우리 모두 틀림없이 다르다》 등을 함께 썼다.

감수 황보연

한국교원대학교 생물교육과를 졸업하고 경희대학교에서 동물행동학과 조류학으로 박사 학위를 받았다. 현재 국립공원연구원 조류연구센터장으로 국립공원의 자연 생태를 연구하고 있다. 지은 책으로는《아주 작은 씨앗이 자라서》,《쫓고 쫓기고 찾고 숨고》,《웅덩이 관찰 일기》 등이 있으며, 감수를 맡은 책으로는《왠지 이상한 동물 도감》,《비밀은 똥에 있다고!》 등이 출간되었다.